Iniciação à Vida Cristã

Catecumenato Crismal

Coleção Água e Espírito
Iniciação à vida cristã

- *Batismo; Confirmação / Eucaristia de adultos*
  Livro do Catequista e Livro do Catequizando
  Leomar A. Brustolin e Antonio Francisco Lelo

- *Catecumenato crismal*
  Livro do Catequista, Livro do Crismando e Livro da Família
  Nucap

- *Perseverança*
  Livro do Catequista, Livro do Catequizando e Livro da Família
  Nucap

- *Eucaristia*
  Livro do Catequista, Livro do Catequizando e Livro da Família
  Nucap

- *7-8 anos*
  Livro do Catequista e Livro do Catequizando e da Família
  Nucap

- *Iniciação à vida cristã dos pequeninos*
  Livro do Catequista e Portfólio do Catequizando e da Família
  Erenice Jesus de Souza

- *Batismo de crianças*
  Livro do Catequista e Livro dos Pais e Padrinhos
  Nucap

Núcleo de Catequese Paulinas – Nucap

Iniciação à Vida Cristã

Catecumenato Crismal

Livro do Catequista

Dados Internacionais de Catalogação na Publicação (CIP)
(Câmara Brasileira do Livro, SP, Brasil)

Iniciação a vida cristã : catecumenato crismal : livro catequista / Núcleo de Catequese Paulinas - NUCAP. – 9. ed. – São Paulo : Paulinas, 2014. – (Coleção água e espírito)

Bibliografia.
ISBN 978-85-356-3736-6

1. Catequese - Igreja Católica 2. Catecumenato 3. Ritos iniciáticos - Aspectos religiosos - Igreja Católica 4. Sacramentos - Igreja Católica 5. Vida cristã I. Núcleo de Catequese Paulinas - NUCAP. II. Série.

14-02324   CDD-268.434

Índices para catálogo sistemático:
1. Catequese : Catecumenato : Cristianismo   268.434

9ª edição – 2014
8ª reimpressão – 2022

Direção-geral: *Flávia Reginatto*
Editores responsáveis: *Vera Ivanise Bombonatto e Antonio Francisco Lelo*
Redatores: *Antonio Francisco Lelo (coordenador), Lisaneos Francisco Prates, Mário Marcelo Coelho, Cláudio Buss e Leonardo Agostini Fernandes*
Copidesque: *Mônica Elaine G. S. da Costa*
Coordenação de revisão: *Marina Mendonça*
Revisão: *Ruth Mitzuie Kluska*
Direção de arte: *Irma Cipriani*
Gerente de produção: *Felício Calegaro Neto*
Capa e editoração eletrônica: *Manuel Rebelato Miramontes*
Ilustração: *Gustavo Montebello*

Nenhuma parte desta obra poderá ser reproduzida ou transmitida por qualquer forma e/ou quaisquer meios (eletrônico ou mecânico, incluindo fotocópia e gravação) ou arquivada em qualquer sistema ou banco de dados sem permissão escrita da Editora. Direitos reservados.

Paulinas
Rua Dona Inácia Uchoa, 62
04110-020 – São Paulo – SP (Brasil)
Tel.: (11) 2125-3500
http://www.paulinas.com.br – editora@paulinas.com.br
Telemarketing e SAC: 0800-7010081
© Pia Sociedade Filhas de São Paulo – São Paulo, 2008

Sumário

Apresentação 9
Iniciação 11
Catecumenato 14
Catecumenato crismal 20
Equipe 31
Planejamento 38
Unidade I – Pré-Catecumenato 45
   1º encontro – O Pai envia seu Filho 47
   2º encontro – O Evangelho de Jesus segundo Marcos 52
   3º encontro – Jesus Cristo no Evangelho
        segundo Marcos 60
   4º encontro – A Igreja no Evangelho segundo Marcos ... 65
   5º encontro – Minha história de fé 70
   Celebração – Entrada no catecumenato 75
Unidade II – Catecumenato 81
   6º encontro – Somos um grupo 83
   7º encontro – O Reino de Deus já chegou 89
   8º encontro – O nascer para o Reino 94
   9º encontro – Chamou discípulos e apóstolos 98
   10º encontro – Jesus ensinava por parábolas 101
   11º encontro – A última ceia 105
   12º encontro – O caminho da cruz 110
   13º encontro – A Ressurreição 114

14º encontro – O envio do Espírito Santo 119
15º encontro – Como os discípulos de Emaús 122
16º encontro – As pastorais 130
17º encontro – A oração do Pai-Nosso 135
18º encontro – Explicação do Creio 141
Celebração – Entrega do Creio e do Pai-Nosso 149
19º encontro – Exclusão social 154
20º encontro – Defesa da sociedade de direitos 158
21º encontro – A sexualidade 162
22º encontro – As drogas 168
23º encontro – Os valores cristãos 173

Unidade III – Purificação 177
Celebração – Inscrição do nome 179
24º encontro – Iniciação pascal 185
25º encontro – Os membros do povo de Deus 190
26º encontro – A liturgia 195
27º encontro – Celebrar o dom do Espírito 203
28º encontro – Sacramento da Confirmação 206
29º encontro – Penitência 211

Unidade IV – Mistagogia 217
30º encontro – A vida nova 219
31º encontro – A Eucaristia: centro da vida cristã 223
32º encontro – O namoro e a vida matrimonial 227
33º encontro – As testemunhas do Reino 232

Bibliografia 238

Iniciação à vida cristã – Catecumenato crismal

Este projeto tem o objetivo de envolver catequistas, catequizandos e familiares no processo de catecumenato crismal, por meio de um conteúdo que leva à progressiva compreensão da fé e, principalmente, à vivência dessa fé em sua vida pessoal e comunitária. Compõe-se dos seguintes subsídios:

- *Livro do Catequista:* inspirado no RICA (*Ritual de iniciação cristã dos adultos*), apresenta celebrações e roteiros que estimulam a participação na liturgia e que relacionam a Crisma com o Batismo e a Eucaristia, tendo como centro a Páscoa do Senhor. Propõe aos crismandos a realização do Reino de Deus mediante o discipulado de Jesus Cristo.

- *Livro do Crismando:* retoma a trajetória de fé dos crismandos e busca formar uma visão integral da pessoa humana segundo a moral cristã. Apresenta a Igreja como Corpo de Cristo, presença do Espírito e manifestação de Deus-Pai no mundo e motiva os jovens a se tornarem missionários nos ambientes em que estão inseridos e a se engajarem na transformação da sociedade.

- *Livro da Família:* permite aos familiares que acompanhem, ao longo dos encontros propostos, os grandes temas tratados no catecumenato crismal. Estimula, assim, a família e os responsáveis da comunidade cristã a participarem e a colaborarem na formação catecumenal, de modo que os jovens se sintam apoiados na educação de sua fé e os catequistas, reforçados em seu trabalho.

Apresentação

O Nucap (*Núcleo de catequese Paulinas*) apresenta este catecumenato crismal em três volumes: Livro do catequista, Livro do crismando e Livro da família. O trabalho foi coordenado por Pe. Antonio Francisco Lelo, que aplicou o estilo catecumenal (1ª parte) e preparou o itinerário litúrgico-sacramental. O grupo de trabalho contou com a colaboração dos professores Pe. Lisaneos Francisco Prates, Pe. Mário Marcelo Coelho, Pe. Cláudio Buss e Pe. Leonardo Agostini Fernandes.

As orientações da *Conferência de Aparecida* e dos documentos da CNBB (*Diretório nacional da catequese* e *Evangelização da juventude*) apontam para a renovação da iniciação cristã. É preciso que a vida de fé forme a identidade cristã. Trata-se de um itinerário de educação da fé em três etapas: o Batismo, a Confirmação e a iniciação à Eucaristia.

O *Ritual de Iniciação Cristã dos Adultos* (RICA) norteia todo esse processo. Suas celebrações propõem um discipulado que leve ao contato vivo com o Ressuscitado e situem o sacramento da Crisma em sintonia com o Batismo e a Eucaristia, tendo como centro a Páscoa do Senhor. Essas mesmas características estão presentes neste itinerário, e por isso o tornam um autêntico catecumenato crismal.

Esta obra apresenta roteiros que estimulam a participação na liturgia e suscitam a conversão contínua. As catequeses foram organizadas de modo a valorizar logo no início a participação na celebração dominical. Elas também destacam as vivências litúrgicas e usam uma pedagogia mais participativa. Para aproveitar melhor o plano desse itinerário, é fundamental dedicar-se ao estudo do

"Projeto catecumenal" e conferir detidamente a disposição temática das unidades e seus objetivos.

O método busca formar pela ação, fazendo do catequizando um cristão inserido na vida da comunidade e da sociedade. Propõe retiros, trabalhos sociais e visitas aos grupos pastorais. Também supõe um trabalho em parceria com os pais ou familiares. O Livro da família ressalta a necessidade tanto de reuniões com a equipe catecumenal quanto da presença familiar na vida da comunidade, especialmente nas Eucaristias dominicais.

Iniciação

O sacramento da Crisma não existe isoladamente. Na Igreja antiga, após os adultos serem batizados, eram revestidos de branco e dirigiam-se em procissão para a Igreja, onde o bispo os esperava para ungi-los com o óleo do crisma. Logo depois, eles participavam pela primeira vez da liturgia eucarística. Concluíam, assim, o processo catecumenal de preparação, mas deveriam ainda se reunir nos domingos dos cinquenta dias pascais para aprofundar a celebração dos três sacramentos de iniciação (Batismo, Eucaristia e Confirmação).

Com o aumento das paróquias nas cidades e sua multiplicação pelos campos, já não era possível uma única celebração da Páscoa ao redor do bispo. A solução encontrada pela Igreja ocidental foi dividir o processo de iniciação em etapas. Assim, deixou-se a Crisma para quando o bispo visitasse a comunidade, e a Eucaristia para quando a criança estivesse com dez anos. Logo após o cristianismo se tornar a religião oficial do Império Romano, passou a ser mais comum o Batismo de adultos; com o passar do tempo o Batismo foi administrado quase que exclusivamente a crianças. Quanto à Eucaristia, o Papa São Pio X adiantou a comunhão para a idade da razão (a partir dos sete anos), quando a criança já podia distinguir entre pão e Pão. No que se refere à Confirmação, após o Concílio Vaticano II, firmou-se a teologia da Crisma compreendida como sacramento do compromisso cristão ou do testemunho; com isso, muitas Conferências Episcopais resolveram propor a idade mínima de catorze anos para recebê-la.

A origem da Crisma possibilita compreendê-la unicamente relacionada com o Batismo e com a Eucaristia. Nossa dificuldade atual de entender a iniciação cristã como um todo provém do fato de que suas etapas, com o passar do tempo, foram perdendo a mútua relação e sua catequese se fragmentou.

Urge recuperar o sentido pleno da iniciação cristã. A própria palavra "iniciação" contém em si uma noção de mudança. É a maneira de ingressarmos em uma etapa nova de vida, na qual deixamos a infantilidade, os limites que nos prendem a um determinado estado, para recriarmos um novo espaço, um novo tempo, com novas possibilidades de realização pessoal. A iniciação descortina um panorama inédito, outros horizontes. Ela permite a visão do que antes estava oculto. A pessoa que passa pela iniciação almejará novos objetivos e novas metas para sua vida.

Uma pessoa está iniciada no cristianismo quando faz a experiência com a Palavra anunciada, recebe os três sacramentos de iniciação e se dispõe a professar a fé na vida. As três etapas – Batismo, iniciação à Eucaristia e Crisma – cooperam para uma finalidade só: formar a identidade cristã, isto é, alcançar a maturidade em Cristo (cf. Ef 4,13). "Ser cristão significa conhecer a pessoa de Jesus Cristo, fazer opção por ele, unir-se a tantos outros que também o encontraram e, juntos, trabalhar pelo Reino e por uma nova sociedade."[1] Por isso, "o cristão se identifica com aquele que é o 'bom samaritano', que socorre [...] toda vítima inocente do mal do mundo, sem se perguntar sobre a raça ou a religião dele. Ele cura inúmeras pessoas [...], traz uma palavra de esperança aos pobres e reparte o pão com eles [...], acolhe e perdoa os pecadores. Ele é misericordioso. Estende a mão para levantar o caído, acolhe com abraço o que volta arrependido e vai ao encontro do afastado. Devolve o ser humano às suas tarefas, às suas responsabilidades e à sua dignidade".[2] É fundamental que o cristão adquira uma personalidade segundo o Evangelho e tenha atitudes coerentes com a vida nova que experienciou nos sacramentos e na Palavra de Deus.

---

[1] CNBB. *Evangelização da juventude*; desafios e perspectivas pastorais. São Paulo, Paulinas, 2007. n. 52. (Documentos da CNBB, n. 85).

[2] Ibid., n. 85.

Novo modelo

Compreende-se a catequese crismal em interação com a pastoral do Batismo de crianças, com a iniciação à Eucaristia e, principalmente, com a iniciação sacramental dos adultos, levando em conta aqueles que foram batizados, mas não completaram a iniciação. Deste princípio decorre a formação conjunta de todos os agentes pastorais envolvidos nesses sacramentos a fim de aprofundar os caminhos da iniciação na vida da comunidade. Os agentes são os primeiros a assimilar a experiência da unidade sacramental, visto que, na maioria das vezes, desconhecem a estreita ligação entre os três sacramentos.

Com exceção dos jovens ainda catecúmenos, os crismandos já percorreram o caminho da catequese de iniciação à vida eucarística. Não se pode, portanto, ignorar os passos dados anteriormente. Daí a necessidade de enfocar a ligação existente entre os três primeiros sacramentos.

Catecumenato

Catecumenato é uma palavra de origem grega que quer dizer "lugar onde ressoa alguma mensagem". No cristianismo dos primeiros séculos, era a introdução na fé realizada pela Igreja para os adultos não cristãos que queriam tornar-se cristãos. Constituía um período de intensa formação em que se combinavam o anúncio da Palavra com a celebração da fé tendo em vista a conversão progressiva e real do catecúmeno.

Encontramos os ritos catecumenais integrados em todo o processo de iniciação cristã no *Ritual de Iniciação Cristã de Adultos (RICA)*, restaurado pelo Concílio Vaticano II e publicado em 1972.[1]

O catecumenato é tomado não como uma escola, mas sim como uma iniciação de discípulos que descobrem um caminho. Por isso contempla o primeiro anúncio querigmático, o núcleo da mensagem cristã. A formação catecumenal, mais do que doutrinária, é discipulado, cuja característica principal consiste em ser e viver conforme Jesus. É preciso escutá-lo, viver em comunidade e cumprir o duplo mandamento fundamental: amar a Deus e ao próximo. Escutar Cristo significa, primordialmente, compreender o Evangelho e acolhê-lo na fé, confiando em sua sabedoria e aderindo inteiramente a ele.

Esse caminho de amadurecimento da fé percorrido nos primórdios da Igreja era exemplar; constituía um processo único e dispunha de uma metodologia que integrava catequese, celebração e vivência da fé.

---

[1] Recomendamos a obra específica sobre o assunto e adaptada ao contexto brasileiro: LELO, Antonio Francisco. *A iniciação cristã*; catecumenato, dinâmica sacramental e testemunho. São Paulo, Paulinas, 2005.

As orientações atuais sobre a catequese apontam para o catecumenato como caminho de amadurecimento da fé. Os bispos da América Latina e Caribe reunidos em Aparecida orientam: "Sentimos a urgência de desenvolver em nossas comunidades um processo de iniciação na vida cristã que comece pelo *querigma* e que, guiado pela Palavra de Deus, conduza a um encontro pessoal, cada vez maior, com Jesus Cristo, experimentado como plenitude da humanidade e que leve à conversão, ao seguimento em uma comunidade eclesial e a um amadurecimento da fé na prática dos sacramentos, do serviço e da missão".[2]

SEGUIMENTO[3]

Ser cristão não é simplesmente aceitar uma doutrina e ser fiel a determinadas normas, sem dúvida, importantes, mas é seguir uma pessoa que nos atrai a si e conquista o nosso coração: Jesus de Nazaré. É responder ao chamado de Jesus e colocar-se a caminho, seguindo seus passos, movido pela força do seu Espírito. É entrar na dinâmica processual do discipulado.

O seguidor deve *reproduzir* a estrutura fundamental da vida de Jesus: encarnação, missão, cruz e ressurreição e, ao mesmo tempo, *atualizá-la*, inspirado e animado pelo Espírito de Jesus e de acordo com as exigências do contexto em que vive.

O discipulado expressa a relação vital entre a pessoa do discípulo e o mestre Jesus.

A dinâmica do processo catequético constitui-se em lugar privilegiado para levar o catequizando a colocar-se na escola do Mestre Jesus e assimilar seus ensinamentos. "Fazer discípulos" é *aprofundamento do seguimento* e implica renúncia a tudo o que se opõe ao projeto de Deus e diminui a pessoa. Leva à

---

[2] CELAM, *Documento de Aparecida*, cit., n. 289.
[3] Transcrição livre de partes do artigo: BOMBONATTO, Vera Ivanise. Discípulos missionários hoje: catequese, caminho para o discipulado. In: COMISSÃO EPISCOPAL PASTORAL PARA A ANIMAÇÃO BÍBLICO-CATEQUÉTICA DA CNBB. *3ª Semana Brasileira de Catequese – Iniciação à vida cristã*. Brasília, Edições CNBB, 2010, p. 169-185.

proximidade e intimidade com Jesus Cristo e ao compromisso com a comunidade e com a missão.[4]

Seguir é colocar-se na dinâmica do caminho e engloba, por conseguinte, o discipulado enquanto assimilação de um modo de viver. Discipulado situa-se no horizonte da resposta do chamado ao seguimento.

Não se trata de repetir mecanicamente o que Jesus fez, pois ele viveu num contexto diferente do nosso. Trata-se de perguntar-se, a cada momento, o que Jesus faria se estivesse em meu lugar, hoje? Para responder a esta pergunta, é necessário conhecer o que Jesus fez e ensinou!

Jesus, o Verbo eterno, inaugura sua atividade missionária convidando algumas pessoas do meio do seu povo para segui-lo e partilhar com ele a vida, a missão e o destino. Ele chama com autoridade e sem dar nenhuma explicação (cf. Mc 1,16-20; Mt 4,18; Lc 1-11; Jo 1,35-43).

Os Evangelhos registram a existência de um grupo de pessoas que, respondendo ao convite de Jesus, o seguiram.

Os traços característicos do seguimento encontram-se, particularmente, nas narrativas da vocação dos primeiros discípulos[5] e nos ditos (*logias*)[6] de Jesus a este respeito.

Jesus toma a iniciativa e escolhe os seus discípulos: Na escola de Jesus, não são os discípulos que escolhem o mestre com base em critérios preestabelecidos, mas é Jesus quem toma a iniciativa e, agindo com autoridade profética, escolhe seus discípulos. Tudo tem início com um encontro e uma palavra autorizada, eficaz e criativa de Jesus: Segue-me. Essa palavra expressa sua vontade eletiva em relação à pessoa chamada. Por meio de Jesus, Deus intervém na vida das pessoas. É Deus quem procura o ser humano nas coordenadas do tempo e da história.

---

[4] Cf. CNBB, *Diretório Nacional de Catequese*, n. 34.

[5] As narrativas dos chamados são múltiplas. A título de exemplo, pode-se citar: Mc 1,16-20; Mt 4,18; Lc 1-11; Jo 1,35-43.

[6] Os evangelistas registraram uma série de ditos de Jesus (*logias*) nas quais ele especifica as condições necessárias para ser seu discípulo. A título de exemplo, pode-se citar: Mc 8,34; Mt 10,37-38; Lc 14,26.

A fé em Jesus está na origem e no caminho de seguimento, que acontece em meio a luzes e sombras. Todo o relacionamento recíproco entre Jesus e seus discípulos se desenvolve no horizonte da fé nele como o Messias.

A relação mestre-discípulo não se limita ao fato de ensinar e aprender uma doutrina, mas é uma comunhão vital com Jesus e se traduz na obediência incondicional à sua palavra. Os seguidores de Jesus participam de sua vida, de suas atividades, particularmente do anúncio do Reino. Mas eles dependem plenamente de Jesus e agem em comunhão com ele. Sem a relação-comunhão vital com Jesus, a pregação da Boa-Nova do Reino perde toda sua força de transformação.

Seguir Jesus supõe dúplice relação: de proximidade e de movimento: *estar com Jesus* (cf. Mc 3,14); *manter-se ao seu lado nas provações* (cf. Lc 22,28); *ter os mesmos sentimentos e atitudes de Jesus* (cf. Fl 2,5); *tornar-se filho no Filho* (cf. Rm 8,29); *ter os olhos fixos em Jesus* (Hb 12,12).

A resposta ao chamado de Jesus faz a pessoa entrar na dinâmica do Bom Samaritano (cf. Lc 10,29-37), tornando-nos próximos, especialmente dos que sofrem. É um sim que compromete radicalmente o discípulo e o faz tornar-se, com Jesus e em Jesus, Caminho, Verdade e Vida da humanidade (cf. Jo 14,6).[7]

No seguimento de Jesus e na resposta do discipulado, estão presentes três dimensões distintas e intrinsecamente relacionadas entre si: *o memorial, a vivência e o anúncio*.

- O *memorial*, que atualiza a prática de Jesus, suas atitudes em relação ao Pai e aos irmãos e seu mandato: "fazei isto em memória de mim". A fé cristã tem uma dimensão de memorial. Recordar, no sentido litúrgico, é tornar presente e visível o Cristo invisível, crucificado e glorioso. Crer é fazer memória dos gestos, das ações e palavra de Jesus. É inspirar-se em seus gestos e continuar sua opção radical em favor da vida onde quer que ela esteja ameaçada. Evocar o Jesus do Reino é provocar a continuidade de suas atitudes. Ele

---
[7] Cf. CELAM, *Documento de Aparecida*, nn. 135-136.

continua presente nos seus seguidores e atua entre eles e por meio deles. A celebração é uma forma de tornar presentes as ações de Deus. E a Igreja é sinal e memorial vivo da permanente presença de Jesus.

- *A vivência*, maneira concreta de ser fiel a Jesus na solidariedade para com os pobres, reinventada constantemente em nossas vidas, pela força do Espírito que age em nós.

- *O anúncio*, Jesus venceu a morte, está vivo no meio de nós e nos envia a anunciar a Boa-Nova do Reino, vivendo na esperança sempre reavivada de que se pode viver gestos de ressurreição até que ela se realize plenamente.

ESTILO CATECUMENAL[8]

Hoje em dia, não é possível repetir exatamente os ritos do catecumenato antigo. A princípio esclarecemos que não se trata de aplicar indiscriminadamente os ritos catecumenais na catequese eucarística ou crismal. O *importante é conhecer e aplicar sua pedagogia própria em itinerários de educação da fé, conservando os elementos característicos dessa metodologia.*[9]

> **O estilo catecumenal favorece as seguintes características:**
> - a centralização de todo o processo no mistério pascal, raiz comum de todos os sacramentos e mistério principal que define a identidade cristã;
> - a compreensão da mútua relação pascal e unidade de sentido dos três sacramentos num processo adequado de maturação da fé. Por isso, não se devem fragmentar o Batismo, Confirmação e Eucaristia como se fossem coisas separadas;

---

[8] Para o aprofundamento do tema com o grupo animador do catecumenato recomenda-se utilizar a cartilha: LELO, Antonio Francisco. *Catequese com estilo catecumenal*. São Paulo, Paulinas, 2008.

[9] Cf. CNBB. *Diretório nacional de catequese*. São Paulo, Paulinas, 2006. (Documentos da CNBB, n. 84). nn. 45, 49e.

- a intensidade e a integridade da formação, basicamente com a apresentação da história da salvação, do Creio e do Pai-Nosso;
- o anúncio urgente da centralidade e experiência da fé em Jesus Cristo, o chamado querigma, deverá percorrer ao longo de toda a catequese de forma convicta e testemunhal;
- proporcionar maior experiência com os símbolos da fé na celebração em interação com o anúncio e a vivência da fé; a catequese e a liturgia se unem, porque uma precisa da outra para se explicitarem;
- a Palavra lida em comunidade como princípio fundante de toda catequese;
- a leitura contínua dos sinais de Deus na história;
- a iniciação cristã diz respeito a toda comunidade, e em primeiro lugar aos adultos. Os pais ou responsáveis devem ser envolvidos como primeiros interessados.

Catecumenato crismal

A partir dos tempos e das celebrações de passagem do catecumenato de adultos restaurados pelo RICA e procurando seguir as características principais deste *Ritual*, apresentamos as quatro unidades temáticas deste itinerário de amadurecimento da fé para os jovens.

A progressividade das catequeses e dos ritos constituirá o critério principal para uma crescente conversão. O jovem cada vez mais conceberá valores mais evangélicos que tome o lugar de uma mentalidade consumista e mundana, e também mais crítica sobre a exclusão social geradora da injustiça e miséria.

PRIMEIRA UNIDADE: PRÉ-CATECUMENATO

A pedagogia divina parte da realidade das pessoas, acolhe-as e respeita-as na originalidade de sua vocação para chamá-las à conversão. Hoje não podemos mais pressupor a vida de fé entre aqueles que nos procuram para dar mais um passo na iniciação à vida cristã. "O pressuposto da fé não só deixou de existir, mas frequentemente acaba até negado. Há uma profunda crise de fé que atingiu muitas pessoas."[1] Mesmo que a grande maioria dos nossos candidatos tenha recebido a primeira comunhão, torna-se necessário afirmar nossa identidade numa sociedade pluralista com várias opções de fé.

---

[1] *Porta Fidei*, n. 2

Ao considerarmos a situação dos jovens que vêm à nossa comunidade para continuar o processo de conversão e de experiência do amor e da misericórdia de Deus em suas vidas, avaliamos a importância da acolhida e do acompanhamento pessoal que requer tal aproximação.

O processo catecumenal do *Ritual de Iniciação Cristã de Adultos* (RICA) contempla, em sua primeira etapa (nn. 9-12), especificamente, o anúncio querigmático. A fase inicial do pré-catecumenato se propõe basicamente a três dimensões: *a acolher* bem aquele que se aproxima; a proporcionar-lhe o encontro pessoal com Jesus Cristo com o *anúncio decisivo do querigma* e a obter sua *resposta de adesão* corajosa ao projeto de Jesus Cristo. Essa fase é uma experiência viva da presença do Espírito e de comunhão no amor com o Pai e o Filho.

Acolhida

Acolher o catequizando significa ter cuidado para ouvir suas motivações de fé, sua história de vida e seus problemas. Na verdade, a conversão de uma pessoa implica um repasse das dimensões de sua vida, o que requer tempo de escuta, acompanhamento, amizade, confiança e respeito por suas convicções e experiências, muitas vezes, sofridas.

Ao acolher bem estamos dizendo àquela pessoa: você é muito importante no nosso meio; sua presença vem enriquecer o nosso grupo; você tem muito valor... Acolher bem é valorizar a pessoa que chega, independentemente de quem seja, e, com isso, ela, sentindo-se valorizada, vai se empenhar em ajudar, dando, assim, o melhor de si. Todos ganham com isso. As pessoas não buscam em primeiro lugar as doutrinas, mas o *encontro pessoal, o relacionamento solidário e fraterno, a acolhida*. Sem acolhida não é possível ensinar nem viver as doutrinas da Igreja.

Anunciar

Há que anunciar, sem medo, o nome, a pessoa, a missão e o destino de Jesus de Nazaré. Despertar a fé e provocar o encontro com Jesus Cristo é o tesouro mais precioso que temos a oferecer na Igreja. Se antes podíamos supor que os jovens traziam consigo essa fé, hoje não precisamos pensar assim. O desconhecimento mínimo da fé, a crise dos valores, a banalidade das relações e o individualismo reinante nos fazem ter a preocupação de apresentar, em primeiro lugar, aquele que é a razão de todo o caminho de fé. Somente a partir desta decisão inicial de sentir-se atraído por Cristo, por seus ensinamentos e modo de vida, que valerá a pena seguir adiante.

"Pode-se dizer que o primeiro anúncio oferece a porta de entrada da experiência cristã. É uma porta experiencial, vital, uma porta pela qual se tem que passar. E não se transpassa somente com o pensamento, mas tomando uma decisão [...] de estabelecer um contato pessoal com Jesus Cristo, considerado como alguém que está vivo e que oferece a vida em plenitude, o encontro com Deus, a salvação."[2]

"O centro do primeiro anúncio é a pessoa de Jesus, proclamando o Reino como uma nova e definitiva intervenção de Deus que salva."[3] Cada pessoa é chamada a repetir aquela experiência pessoal de encontro com Jesus, por caminhos de liberdade que levam ao amadurecimento e à construção de uma nova vida.

Por isso, os encontros da primeira unidade apresentam quatro catequeses para melhor compreender a vida e a missão de Jesus. Os crismandos são instados a conhecerem Jesus e a proposta de seguimento apresentada pelo evangelista Marcos, como também a continuarem a leitura de todo o Evangelho segundo Marcos. Apresentar a pessoa e a missão de Jesus que vem ao mundo é algo que nos entusiasma e nos faz viver com mais alegria.

Neste tempo é importante considerar os objetivos cumpridos na catequese de iniciação à Eucaristia. Estes são importantes e devem ser, agora, aperfeiçoados e amadurecidos. A primeira decorrência desse princípio será a retomada da missa dominical como centro da vida cristã, como meio habitual de assumir a Páscoa de Cristo na entrega da própria vida. Não nos esqueçamos de que a meta da iniciação cristã é a participação ativa, consciente

---

[2] MORLANS, Xavier. *El primer anuncio. El eslabón perdido.* Madrid, PPC, 2009, p. 45.

[3] Id., *Diretório nacional de catequese*, cit., n. 30.

e frutuosa na Eucaristia da comunidade e sua correspondente continuidade na vida diária.

"A pessoa divina de Jesus investe e envolve de tal modo o chamado, que lhe muda o projeto de vida, o modo de viver, de pensar e de agir. Lentamente, o discípulo se encontra com um novo estilo de vida, um novo modo de escolher e de avaliar as coisas, as pessoas e os acontecimentos. O Mestre Jesus exerce sobre o discípulo tal poder de atração, que se torna irresistível! O apóstolo Paulo dirá que foi 'agarrado' por Jesus Cristo (cf. Fl 3,12)."[4]

Conversão

Não se trata só de falar a verdade de fé, mas de apresentar um estilo de vida, de ter uma postura pela qual demonstramos a fé em que cremos, celebramos e por ela estabelecemos relações com o próximo. "O que contemplamos e o que as nossas mãos apalparam da Palavra da Vida – vida esta que se manifestou, que nós vimos e testemunhamos, vida eterna que a vós anunciamos" (1Jo 1,1-2).

Com a graça de Deus, há uma conversão inicial, por meio da qual a pessoa se sente chamada a afastar-se do pecado e a mergulhar no mistério do amor de Deus (cf. *RICA*, n. 10). "O poder do Espírito e da Palavra contagia as pessoas e as leva a escutar Jesus Cristo, a crer nele como seu Salvador, a reconhecê--lo como quem dá pleno significado a suas vidas e a seguir seus passos" (*DAp*, n. 279). O querigma traça uma catequese propositiva com forte capacidade missionária de anúncio de conversão, adesão a Cristo e mudança de vida.

É nesse diálogo que o ser humano decide livremente que Deus ocupe o centro de sua vida, que os desejos de Deus sejam os desejos de sua vontade humana e que o amor de Deus seja o fundamento de seu amor humano. Inicia-se o seguimento de Jesus. A mudança de certos costumes comuns nessa faixa etária indicará se houve avanço e quais deverão ser os passos futuros.

---

[4] TERRINONI, Ubaldo. *Projeto de pedagogia evangélica*. São Paulo, Paulinas, 2007, p. 47.

Introdutor na fé

Cabe, neste tempo, a atuação do *introdutor*. Com o continuado processo de aceleração da vida moderna, que favorece o anonimato nas cidades sempre em crescimento, a equipe poderá optar de trabalhar esta primeira unidade escolhendo *introdutores* que durante um determinado período converse individualmente com o jovem e trate pessoalmente os temas desta unidade. Quanto mais personalizado for o acompanhamento, maiores serão os rendimentos e mais solidificado será o processo.

O introdutor é alguém mais experiente na vida de fé, um verdadeiro guia espiritual, que, partilhando sua própria experiência com o candidato, vai ajudá-lo a estabelecer uma relação pessoal com Deus e com a comunidade. Será aquele amigo que conversará particularmente com o candidato, escutará sua história de vida, seus anseios e projetos. Também o ajudará a dar os primeiros passos na vida de comunidade e o acompanhará no crescimento de sua oração. Fundamentalmente é alguém próximo que escuta, acompanha e testemunha a grandeza e a força da fé na vida de uma pessoa.

Anuncia o querigma, com seus principais conteúdos, auxilia na descoberta pessoal da Boa-Nova de Jesus Cristo e acompanha o processo de conversão daqueles que procuram o Deus vivo. Introdutores e catequistas tudo farão para que os catequizandos sintam-se amados por Deus, acolhidos pela comunidade e motivados a iniciar o itinerário.

Possivelmente, será membro ativo de alguma pastoral. O grupo de introdutores se enriquece quando seus membros são participantes das diversas pastorais e movimentos paroquiais, visto que um dos objetivos do trabalho do introdutor é o estreitamento de laços do candidato com a comunidade a fim de dar-lhe maior segurança e força para o início de sua caminhada cristã.

Em qualquer situação, a evangelização deve acontecer num clima de acolhimento, com linguagem acessível e em tom coloquial, para que as pessoas sintam-se à vontade em participar. O acompanhamento espiritual dado pelos introdutores, no início da caminhada de fé, tem as seguintes finalidades:

- favorecer a atuação do Espírito Santo, que realiza a iniciação da pessoa na vida de Cristo e da Igreja;

- ajudar na compreensão do Evangelho e na adesão à pessoa de Jesus Cristo;

- estimular a pessoa no processo de conversão e vivência do Evangelho;

- clarear, motivar e orientar a leitura bíblica e a oração pessoal.[5]

Celebração de entrada

Cumprido este tempo, celebra-se a entrada formal no catecumenato, como decisão resoluta de amar e seguir a Cristo. Os candidatos reúnem-se, possivelmente, numa missa dominical e depois da homilia, produz-se o diálogo do pároco com crismandos, catequistas, pais e introdutores. Os crismandos manifestam suas intenções à Igreja, enquanto esta acolhe os que pretendem se tornar seus membros com *a assinalação da cruz e a entrega da Bíblia,* cercando-os de amor e proteção (cf. *RICA,* nn. 18.68-97). São assinalados todos os sentidos, os ombros e o peito do candidato; essa assinalação será culminada com aquela cruz traçada com óleo no crismando para receber o Espírito Santo, a fim de, em força deste Espírito, poder abraçar a cruz do Senhor.

Eis uma oportunidade ímpar para reunir todos os envolvidos na catequese, numa missa dominical da comunidade. Com esta celebração tem início o tempo do catecumenato.

SEGUNDA UNIDADE: CATECUMENATO

O crismando dá mais um passo. Começa o tempo específico do catecumenato (*RICA,* nn. 14-20.98-108), como um tempo de *discipulado* para Jesus Cristo. Os setenta e dois discípulos que Jesus formou conviveram com ele e questionaram a própria vida

---

[5] Sobre o introdutor: ARQUIDIOCESE DO RIO DE JANEIRO, *Diretório Arquidiocesano da Iniciação Cristã,* nn. 10, 22, 119-120, 124-125.

a partir de seus ensinamentos e da maneira como agia. Também, para o catequizando, este tempo será ocasião de rico confronto da mensagem evangélica com as suas convicções de vida, um autêntico período de discipulado, de convivência íntima com o Mestre.

Está em jogo a formação da personalidade cristã, afinal de contas: o que significa ser cristão hoje? Quais as consequências desta decisão? Ficam longe as motivações de ser crismado só por motivos sociais.

O(a) jovem, seguro de si e responsável pelas próprias escolhas, já não tem tempo a perder. O que importa mesmo é amadurecer a fé, com critérios e juízos capazes de dar pleno sentido à vida, muito além do mero consumismo ou do sucesso vazio que a sociedade apregoa. O crismando aprenderá a nortear sua ação na sociedade como cristão e a valorizar sua comunidade de fé.

Partir do jovem

O catecumenato de Confirmação, como processo de amadurecimento, considera os jovens como protagonistas e agentes de sua educação, ajuda a descobrir quem são e colabora para que estabeleçam critérios pessoais para enfrentar a vida e dar respostas originais aos desafios que ela apresenta.

A pedagogia dos encontros busca criar laços, valorizar a experiência de vida de cada um e levar o catequizando a discernir as situações à luz da fé. Isto se realiza por meio do aprofundamento da fé com a Palavra e o confronto com as situações da vida; a liturgia passa a ser o lugar do encontro vivificante com o Senhor, o seu Espírito e o Pai. Naturalmente, tudo deve confluir para uma vivência cada vez mais evangélica.

É fundamental que os crismandos se coloquem como sujeitos, isto é, que tenham oportunidade e confiança de expor suas experiências, sentimentos e dúvidas. Neste método, a perspicácia da equipe animadora é fundamental para harmonizar o conteúdo programado, as reações do grupo, o tempo para a oração e o gesto concreto.

O respeito à individualidade, um princípio fundamental da pedagogia moderna, é assumido também pelo catecumenato. Cada um deverá ser respeitado como é. Não deve ser julgado, mas sim tratado como pessoa que tem direito à sua própria autonomia. Ele deve sentir-se livre durante todo o processo educativo.

Esse respeito ao jovem, como ele é, traz consigo a exigência de conhecê-lo em seu ambiente real. Na fidelidade à pedagogia interior do coração, a catequese procura a síntese entre o conhecimento intelectual e a experiência amorosa da vida em Deus. A catequese deve ajudar o jovem a perceber a vida como uma grande experiência de Deus.

A catequese crismal igualmente não tem medo de construir a liberdade dos jovens e, com os jovens, concebe-a como processo de conquista em que Deus é a garantia da vitória contra toda escravidão deste mundo. Se no Primeiro Testamento aconteceram maravilhas, no Segundo Testamento a Páscoa em Jesus é a certeza plena da Ressurreição e do início da vida em plenitude já neste mundo.

Os diálogos de Jesus são marcados pela atenção e respeito às pessoas. Com essa pedagogia, ele foi abrindo caminhos para Zaqueu, os Discípulos de Emaús, a Mulher Samaritana, Pedro e os demais apóstolos...[6] O modo de ser e de atuar de Jesus é o mais claro referencial na atuação do catequista junto aos crismandos. O Mestre foi fiel ao Pai e dócil ao Espírito. O modo jesuânico de agir aponta as atitudes que deverão ser cultivadas no tempo catecumenal e mostra a animadores e crismandos o que é fundamental.

Jesus é uma catequese viva do Pai, uma Boa-Nova que ilumina a experiência humana e abre dimensões diferentes para a vida do homem. Ele é palavra cheia de comunicação pessoal, que espera pela resposta livre do homem. Alguns aceitaram o chamado, como os apóstolos; outros, como o jovem rico, voltaram atrás.

---

[6] O tema pode ser aprofundado em TERRINONI, Ubaldo. *Projeto de pedagogia evangélica.* São Paulo, Paulinas, 2007.

Estrutura da unidade

Nesta unidade mais extensa da catequese crismal, aprofundar--se-á a prática de Cristo ou a radicalidade do seguimento. Tempo dedicado à gradual conversão à pessoa, missão e destino de Jesus. É a ocasião de descobrir os sinais do Reino inaugurado por Cristo e vivido por seus discípulos de ontem e de hoje. A Igreja, Corpo de Cristo, já é manifestação do Reino e é presença do Espírito.

Estágio pastoral

É hora de conhecer a comunidade paroquial, o lugar onde é anunciada e vivida concretamente a Palavra. Por isso, pode ser incrementado o estágio pastoral, que consiste na participação da prática pastoral da comunidade e no consequente intercâmbio de experiências no grupo.

É importante que os animadores catecumenais façam contatos prévios com as diversas pastorais que poderão receber os crismandos para o estágio de observação e pesquisa. Devem-se oferecer a data, o horário e o local das reuniões, bem como o nome das pessoas a quem a dupla de estagiários deverá se dirigir. Naturalmente, a equipe manterá atualizada a distribuição dos estágios com os nomes dos respectivos participantes envolvidos em cada um deles e distribuir entre si a tarefa de acompanhá-los.

Os animadores preparem um *roteiro* de como deverá ser realizado o estágio. Nesse roteiro conste: a finalidade e os meios para desenvolver seus propósitos, as características gerais dos membros do grupo, o número de pessoas atingidas, a análise da atuação do grupo, o número de reuniões e o tipo de envolvimento que a dupla estabeleceu com o grupo.

Entrega do Creio e do Pai-Nosso

A Igreja *entrega* com amor o *Creio*, também chamado *Símbolo da fé* (RICA, nn. 125.181-187), e o *Pai-Nosso* (RICA, nn. 188-192), que desde a antiguidade constituem o resumo de sua fé e de sua oração. Tais *entregas* podem ser celebradas numa missa dominical da comunidade. Após a homilia, o sacerdote reza o *Creio* ou exorta sobre o *Pai-Nosso* e pede aos catequizandos que devolvam essa mensagem à comunidade em forma de vivência cristã e prática evangélica em sua própria maneira de ser. Esta celebração marca mais um trecho percorrido, comprometendo ainda mais o crismando.

Há ainda cinco catequeses que relacionam temas próprios da fase juvenil com a fé cristã. Sempre com o objetivo de proporcionar o diálogo entre fé e vida.

TERCEIRA UNIDADE: PURIFICAÇÃO

O tempo da Purificação transcorre durante a Quaresma (RICA, nn. 21-26.152-159), com as características próprias deste tempo (jejum, esmola-caridade e oração mais intensa com a celebração penitencial). Traça o caminho para uma intensa participação e vivência do mistério da Páscoa do Senhor.

No primeiro domingo da Quaresma, em uma missa dominical (cf. RICA, nn. 21-24.133-142), após a homilia, os crismandos considerados aptos se inscrevem para receber o sacramento da Crisma na Vigília Pascal ou no Tempo Pascal daquele ano. A equipe catecumenal apresenta os candidatos para a comunidade e, em seu nome, o pároco os recebe, reza sobre eles, para que progridam no caminho de abraçar o Evangelho e seguir os passos de Jesus Cristo, especialmente durante o tempo da Quaresma. Com esse rito encerra-se o catecumenato propriamente dito.

Chama-se "eleição" porque a admissão, feita pela Igreja, se baseia na eleição de Deus, em cujo nome ela se realiza; chama-se também "inscrição dos nomes", pois os nomes dos futuros batizados ou crismados são inscritos no *livro dos eleitos*. Requerem-se deles a fé esclarecida e a vontade deliberada de receber o sacramento da Igreja.

É hora da preparação próxima para a celebração do sacramento da Crisma. Pelo *Batismo, Confirmação e Eucaristia* somos iniciados na Páscoa de Cristo, ou seja, somos incorporados em Cristo e recebemos o seu Espírito. A celebração litúrgica é o lugar onde nos associamos ao sacerdócio de Cristo e oferecemos nossa vida.

Quarta unidade: Mistagogia

Mistagogia significa "ser introduzido no mistério", ou seja, no plano salvífico de Deus de salvar o mundo em Cristo (cf. Ef 1,3-13). O cume da iniciação dos adultos acontecia na celebração dos três sacramentos – Batismo, Confirmação e Eucaristia –, na Vigília Pascal. Estes sacramentos possibilitam eficazmente a participação no mistério da salvação em Cristo.

A iniciação é compreendida como identificação existencial da pessoa com a Páscoa de Cristo. Ao centralizar as catequeses ao redor do Tríduo Pascal, incluindo tanto sua fase de preparação (Quaresma) quanto sua fase posterior (Tempo Pascal), ressalta-se a inserção ou configuração pascal como meta de todo o processo iniciatório.

As catequeses mais importantes, ditas mistagógicas – que introduziam o indivíduo no entendimento do mistério da fé –, ocorriam após a experiência vivida na Vigília Pascal durante o Tempo Pascal.

O tempo ideal de se celebrar a Crisma é a Vigília do Sábado Santo ou durante o Tempo Pascal. Após ter recebido o sacramento da crisma, preferencialmente ainda dentro do Tempo Pascal, poder-se-ão continuar os encontros do grupo, pois os textos bíblicos deste tempo, particularmente os das missas dominicais, tratam dos sacramentos da iniciação, da incorporação na Igreja, do alegre anúncio do Ressuscitado. É o momento de aprofundar estas realidades para que o crismado possa aquilatar a transformação que aconteceu em seu interior.

Esse, portanto, é o momento adequado para refletir sobre os sacramentos do Batismo, da Confirmação e da Eucaristia. A experiência e o aprofundamento da vida sacramental geram a nova identidade configurada na Páscoa de Cristo. A participação consciente, ativa e frutuosa na Eucaristia dominical constituirá o critério para que os jovens crismados se tornem missionários nos ambientes onde vivem, adquiram consciência da cidadania e engajem-se na transformação da sociedade.

Equipe

O primeiro passo para a existência do catecumenato é a formação dos animadores. A catequese não é uma missão que se desempenha individualmente, mas em comunidade. O catequista deve viver sua experiência cristã e como animador do catecumenato dentro de uma equipe de catequistas, pois esta expressa, visivelmente, o caráter comunitário da tarefa catequética.

A presença da equipe animadora junto aos crismandos é fundamental para criar um ambiente de alegria e amizade. Para muitos jovens, o encontro com Jesus Cristo passa, em um primeiro momento, pela vida afetiva. Eles precisam sentir-se acolhidos de forma incondicional com amor, afeto e simpatia. Nada suplanta a presença atenta do educador que anima e consola, alegra e encoraja. A relação entre educador e educando se pautará integralmente pela confiança, pois esta elimina distâncias e possibilita o diálogo franco.

Brota o espírito de confiança no grupo quando os dirigentes inspiram seriedade e valorizam as experiências de cada jovem. Aí se estabelece uma relação familiar, que permite ir além da superficialidade e faz realmente aparecer o espírito de comunidade no grupo catecumenal.

Nada supera o carinho com que recebemos o outro em nossa vida para partilharmos experiências, bem-querer e doação que nascem da Palavra, da Eucaristia, ou seja, do coração misericordioso do Senhor. Vale a pena recordar a imagem de Jesus Bom Pastor, que dá a sua vida pelas ovelhas (cf. Jo 10,11-18). O catequista de Crisma encontra nela o significado mais pleno de sua vocação e inspiração para acolher o crismando, perdoar suas imaturidades, ouvi-lo e aconselhá-lo. Um grupo unido pela familiaridade permitirá a confiança e a experiência de vida e de fé a que o catecumenato se propõe.

CATEQUISTAS/ASSESSORES

Assumimos aqui a descrição do perfil dos assessores segundo a obra *Evangelização da juventude*. Entendemos que a equipe catecumenal de animadores deverá ser composta de forma mista, isto é, tanto com catequistas experientes quanto com catequistas jovens.[1] Segundo orientação da CNBB, "em termos ideais o assessor jovem deve trabalhar em conjunto com um assessor de maior caminhada pastoral, que tenha clareza do processo de educação na fé, e ser por ele acompanhado. As duas assessorias se complementam: a experiência e sabedoria do assessor adulto e o idealismo, a energia e a audácia do assessor jovem adulto".[2]

"Mais que despertar nos jovens o interesse e a participação em atividades que contribuam na formação integral, o assessor é alguém que acompanha processos pessoais e grupais de educação na fé em que os jovens devem ser os protagonistas."[3] "Partindo dessa função de serviço, o animador (catequista) poderá oferecer ao grupo: o seu próprio testemunho, humilde e sincero, de vida e de fé; uma determinada relação humana com o grupo, desenvolvendo um clima peculiar que favoreça o desenvolvimento da personalidade de cada um. Se o animador conseguir criar esse clima, o resto será secundário; esse ambiente depende, e muito, da forma de ser e agir do animador, de sua autenticidade e de sua capacidade de relacionamento e compreensão das pessoas."[4]

O catequista está em constante formação. Ao reconhecer os valores dos demais integrantes do grupo, aprende a formar e a ser comunidade. No grupo encontra ambiente onde pode crescer,

---

[1] Cf. CNBB, *Diretório nacional de catequese*, nn. 203-217.
[2] CNBB. *Evangelização da juventude*; desafios e perspectivas pastorais. São Paulo, Paulinas, 2007. n. 210. (Documentos da CNBB, n. 85).
[3] Ibid., n. 208.
[4] GUERGUÉ, Jesus. *Jesus*; um projeto de vida. São Paulo, Paulinas, 1988. p. 47.

relacionar-se com os outros, caminhar com os colegas. Antes de pregar, ele faz a experiência comunitária da fé.[5]

Esse grupo precisa se organizar e viver durante o ano todo em comunhão. Para isso, realiza encontros de formação permanente, como também atividades informais que favoreçam mais a espontaneidade e o diálogo.

O catequista promove o diálogo entre fé e cultura; não se fecha em um círculo estreito de relações, mas recria na comunidade a interação entre os acontecimentos e a fé. Cada um se tornará melhor catequista à medida que conhecer e for sensível à vida, aos sofrimentos e às lutas do povo. É participando dos problemas, alegrias e esperanças, das celebrações e orações da comunidade, que o catequista vai atuando e interligando as experiências da vida com o conteúdo da fé. Segundo o *Diretório nacional de catequese*, "ninguém nasce pronto. Cada ser humano vai adquirindo experiências no processo de crescimento [...]. A formação catequética é um longo caminho a ser percorrido, através de conhecimentos, de práticas iluminadas pela reflexão bíblico-teológica e metodológica. Requer sintonia com o tempo atual e com a situação da comunidade".[6]

Somente boa vontade e conhecimentos fragmentados dos catequistas não serão suficientes diante do desafio atual. Há que se pleitear a formação sistemática dos catequistas com projetos claros de formação continuada, respeitando o nível social, econômico, etário, cultural etc. dos catequistas. E para isso, as estratégias a serem utilizadas podem ser as mais diversas: encontros, cursos, reuniões, revisões, leituras, congressos, jornadas, grupos de estudo etc.

---

[5] Cf. CNBB. *Formação dos catequistas*; critérios pastorais. São Paulo, Paulus, 1990. n. 73. (Estudos da CNBB, n. 59).
[6] CNBB. *Diretório nacional de catequese*. São Paulo, Paulinas, 2006. (Documentos da CNBB, n. 84) n. 256; cf. SILVA, Sérgio. *A missão do catequista*. São Paulo, Paulinas, 2007.

PADRINHOS

Atualmente, tem-se valorizado muito a figura do padrinho/madrinha, bem como a dos pais. Os primeiros trazem consigo a herança cultural da proteção social e dos laços de família (relação do compadrio).

É aconselhável que os padrinhos sejam os mesmos do Batismo, ou seja, pessoas que testemunhem sua fé comprometidos na vida da comunidade. Tenham idade mínima de 18 anos, tenham maturidade, sejam batizados e confirmados, e participem da Eucaristia. O *Código de Direito Canônico* não exige que o padrinho ou madrinha seja do mesmo sexo do afilhado(a). Não podem ser padrinhos os pais, esposo(a), noivo(a), namorado(a) e os não católicos.

PAIS OU FAMILIARES

A participação das famílias é fundamental, pois, em tempos de tão grande pluralismo, estabelecer referenciais de conduta cristã tornou-se um desafio. Alternam-se, na sociedade e nas famílias, critérios de permissividade e rigorismo, consumismo disfarçado e avareza, desvalorização da pessoa e desconfiança de utopias transformadoras. Por isso, urge dialogar com todos os que educam, a fim de construir uma abordagem cristã de temas polêmicos como construção da paz, luta pela liberdade, verdade, justiça, namoro, casamento, sexualidade, drogas, cidadania e exclusão social.

Nas últimas décadas, a concepção de "família" mudou radicalmente. Nas atuais, menos numerosas, muitos jovens são criados apenas pela mãe ou pelo pai, ou ainda por algum parente próximo ou de referência. Como não temos mais um só modelo de organização familiar, é fundamental que o catequista trace um perfil do núcleo familiar do crismando. Preferimos tratar a configuração familiar em geral, considerando prioritariamente as relações afetivas e os vínculos de educação, solidariedade e proteção, sem nos determos no modelo natural de pais e filhos.

Por isso, muitas vezes citamos a família, ou os familiares, sem necessariamente nos referirmos unicamente aos pais.

Como parte do projeto catequético, é importante que a paróquia ofereça a catequese sacramental aos pais e familiares adultos que não completaram a iniciação, isto é, foram batizados mas não evangelizados, não fizeram a Crisma ou a iniciação à Eucaristia.[7]

O itinerário apresenta os encontros com os pais e responsáveis no Livro da Família para que acompanhem a formação dos crismandos e, ao mesmo tempo, revejam e alimentem a própria fé.

Encontros com os familiares

Nos encontros com os pais e responsáveis recordamos a necessária presença de todos os catequistas e, se possível, do pároco. É importante que os catequistas tracem um perfil geral do núcleo familiar do crismando.

Quais são os modelos de famílias em que vivem os crismandos?

Quantos pais ou responsáveis não completaram a iniciação (não receberam a Confirmação ou a Eucaristia)?

Quem deseja receber a visita do pároco ou da equipe catecumenal para uma oração ou bênção da casa ou da família?

O local deve estar arrumado, dentro das possibilidades da comunidade, com bom gosto e carinho. É importante que as pessoas percebam que o ambiente foi preparado para recebê-las.

Pontualidade para início e término é sinal positivo de boa organização. Uma hora de duração é tempo suficiente, pois encontros prolongados tornam-se cansativos e prejudicam a concentração.

---

[7] Cf. BRUSTOLIN, Leomar Antônio; LELO, Antonio Francisco. *Iniciação à vida cristã*. Batismo, Confirmação e Eucaristia de adultos. São Paulo, Paulinas, 2006; BLANKENDAAL, Antônio Francisco. *Seguir o mestre*; Batismo e/ou Confirmação e Eucaristia de adultos. São Paulo, Paulinas, 2007.

Comunidade

Quem catequiza é sempre a comunidade cristã. Catequizar significa estimular e acompanhar no seguimento de Jesus. Mas a própria comunidade também é catequizada, coloca-se em atitude humilde de "ser evangelizada", constantemente renovada pela fé em Jesus. É a vida cristã que catequiza: a comunhão fraterna, a oração, o amor e o compromisso na transformação do mundo, o diálogo e a convivência, o respeito e a ajuda mútua...

Um processo de educação da fé não é uma doutrina bem organizada; é, sim, um caminho percorrido em comunidade, no qual existe partilha, perdão, escuta, acolhida, celebração, compromissos... É uma busca da fé em comum.[8]

A comunidade é chamada a renovar a graça batismal. A cada ano refaz o caminho da iniciação e renova os compromissos de vida batismal. Também se compromete a acolher e formar o catequizando, como também a preparar o catequista e a tornar disponíveis os meios necessários para a catequese. "A catequese encontra, na comunidade, seu lugar próprio, mas deve realizar-se, também, 'em comunidade', quer dizer, levando o grupo a ser uma verdadeira comunidade de jovens. A vida comunitária é fundamental para o discípulo de Jesus. O processo de educação da fé é comunitário, no seu andamento e no seu fruto final. Além da experiência comunitária realizada no contexto da comunidade de fé (paroquial), é fundamental que o catecumenato se realize na experiência de comunidade grupal, desenvolvendo uma pedagogia de diálogo e de partilha."[9]

Por isso, precisa-se criar um ambiente de "comunidade", onde todos se sintam bem. O próprio encontro seja uma experiência do que é comunidade eclesial. Os participantes se conheçam, se estimulem e procurem, juntos, aprofundar a fé, rezar com a Palavra de Deus, ser solidários, sabendo partilhar e ajudar-se mutuamente. Seja um ambiente alegre, onde todos se sintam bem, aceitos e valorizados.

---

[8] Cf. GUERGUÉ, *Jesus*, cit., p. 36.
[9] Ibid., p. 44.

Este itinerário inclui a apresentação aos jovens do trabalho que a comunidade realiza (visitas, festividades, celebrações, reuniões, trabalhos pastorais), com a finalidade de motivá-los à participação e ao engajamento.

Planejamento

O trabalho com os jovens exige um método capaz de formar a equipe e buscar a coesão de seus membros em torno de um estilo pedagógico evangélico comum. Para planejar, é preciso ter consciência de que a educação da fé e pela fé é um processo que não se restringe a um tempo específico ou à compreensão de alguns conteúdos.

Apresentamos a seguir um planejamento de três eixos com informações valiosas para as ações pastorais, inclusive para a catequese:

1. *Diagnóstico*. O trabalho deve ser iniciado somente após a obtenção de informações sobre o grupo. O diagnóstico de suas expectativas e o conhecimento de como chegaram ao grupo, o que já sabem e o que necessitam aprender, e os traços de seu perfil ajudarão a nortear o caminho a ser percorrido. Questões, como *Quem é a comunidade? Qual sua relação com a religião? Quais são suas maiores conquistas? Quais são seus problemas? Qual a função social e pastoral da Igreja nesta comunidade? Como Deus é compreendido?*, são fundamentais para o processo de ensino. Com base nos dados da comunidade, será traçada a missão pastoral da Igreja. Essa fase do planejamento é muito importante e deve ser realizada por todos aqueles que estão envolvidos na vida paroquial, especialmente pelos responsáveis da catequese.

2. *Definição de metas*. É fundamental traçar os objetivos do que pretendemos. O cuidado com as informações obtidas fará com que a comunidade tenha credibilidade na prática da ação pastoral da Igreja. Todos os envolvidos devem conhecer

o trabalho que desenvolvem (*Aonde se quer chegar? O que se pretende alcançar?*).

3. *O que já existe e o que precisa ser feito.* Trata-se de pensar metodologicamente como alcançar o que se pretende e com quais recursos e técnicas. É fundamental definir ações de curto, médio e longo prazo. A organização de encontros periódicos para formação, avaliação e novos encaminhamentos é bastante recomendada para a concretização do projeto paroquial, principalmente no que se refere à catequese.

Uma vez compreendida a realidade dos catequizandos, da comunidade e da Igreja, e definidos os objetivos que justificam o trabalho de catequese, o grupo de catequistas organizará ações que possam suscitar a fé na prática da vida cristã. O objetivo principal do planejamento é proporcionar ao crismando a experiência de vida cristã para que ele possa amadurecê-la mediante a participação ativa e consciente na comunidade eclesial e na sociedade.

Duração

Sugerimos começar as catequeses no mês de agosto ou a partir da Solenidade de Pentecostes, para concluir no fim do Tempo Pascal ou em junho do ano seguinte. Esse cronograma possibilita acompanhar mais de perto o Ano Litúrgico, especialmente o Advento e a Quaresma, e celebrar o sacramento em seu lugar próprio: o Tempo Pascal. Por isso, o tempo ideal para trabalhar a Unidade III ("Purificação") é a Quaresma, para que os crismandos possam viver a Páscoa do Senhor como aquela em que serão inseridos plenamente. Apesar de constituir uma novidade na prática pastoral, é recomendável que o grupo de catequese continue a se reunir por mais uns quatro ou cinco encontros após a celebração da Crisma, possivelmente no Tempo Pascal, para compreender e viver melhor a Eucaristia dominical. Esse é o objetivo da última unidade. Além da sintonia com o Ano Litúrgico, os encontros não terão um caráter de curso regular, pois não terminarão no final do ano letivo normal.

Será fundamental não atropelar ou saltar as fases, pois é seguindo o processo que nasce o encontro do humano com o divino, numa gestação lenta, mas determinante para o futuro de quem pretende ser cristão.

Alguns temas podem ser abordados em mais de um encontro, considerando a programação de atividades próprias da comunidade. O grupo de catequistas deverá elaborar o planejamento geral levando em conta as datas e os eventos que farão parte do itinerário catequético. A comunidade estipulará prazos e formas para concretizar os tempos.

Estrutura dos encontros

A catequese precisa caminhar e dialogar com os jovens, partindo de suas preocupações. Dessa forma, aprendem a julgar os acontecimentos à luz do Evangelho para encontrar o caminho a seguir e para operar uma mudança em si próprios e, por consequência, no mundo à sua volta.[1]

O catequista deve saber dialogar, escutar, "sentir". Não dá uma resposta pronta, mas busca, junto com o outro, alguma luz para suas dúvidas, perguntas e problemas. Nunca é o "professor", aquele que sabe dar uma resposta simples e fácil. Por outro lado, é necessário que o catequista tenha um bom conteúdo e uma rica experiência para partilhar. Tudo depende de como isso é colocado em comum. E não se pode esquecer de que ambas as partes têm riquezas a partilhar. É um mútuo crescimento que pode criar grandes laços de fraternidade.

Reflexão

As catequeses seguem de perto um texto bíblico apropriado. Devemos saber utilizá-lo nos encontros como fonte de iluminação, traduzindo-o para o olhar do crismando. No Brasil, estamos

---

[1] Cf. CNBB. *Diretório nacional de catequese*. São Paulo, Paulinas, 2006. (Documentos da CNBB, n. 84). nn. 138-141; Id. *Evangelização da juventude*; desafios e perspectivas pastorais. São Paulo, Paulinas, 2007. nn. 146-148. (Documentos da CNBB, n. 85).

acostumados, com certa naturalidade, a ler a Palavra a partir dos fatos cotidianos de nossa vida, e a encontrar nela a esperança no sofrimento, o otimismo diante dos fracassos e a resistência na luta.

A catequese, bem como a liturgia celebrada, deve ser um forte anúncio da continuidade histórico-salvífica, ou seja, precisa compreender o atual momento histórico dentro da dinâmica de salvação-libertação que começou desde o início da Criação, culminou na pessoa de Jesus Cristo e desde já está antecipando a plenitude, que acontecerá na eternidade.[2]

Esse modo de ler a Palavra nos permite entender que é o próprio Cristo e o seu Espírito que agem em todos os tempos. Nossa história, à luz da graça e da manifestação deles, torna-se história de salvação em continuidade àquela dos patriarcas e profetas do Primeiro Testamento. Por isso, a Igreja afirma que, "quando se proclamam as Escrituras na celebração, é o mesmo Cristo quem as lê",[3] e é ele mesmo que confere a força transformadora à Palavra.

> Recomenda-se celebrar adequadamente a leitura bíblica indicada em cada encontro. Durante esse momento orante do grupo, exercita-se a escuta ativa da Palavra a fim de suscitar a necessária resposta de fé. Sugere-se criar um ambiente celebrativo: sentar-se em semicírculo, tendo ao centro um ambão (estante litúrgica) com a Sagrada Escritura e com uma toalha ou faixa da cor litúrgica do tempo (branco, se Páscoa ou Natal; verde, se Tempo Comum; roxo, se Quaresma ou Advento), e uma vela grande.
>
> Para as pessoas se concentrarem e ouvirem a proclamação, recomenda-se iniciar os encontros cantando um refrão meditativo ou um mantra, ora mais baixo, ora mais alto. Durante o canto um jovem se levanta e acende a vela grande. É recomendável cantar ou proclamar um salmo com a participação do grupo por meio das respostas. Quando o Evangelho for proclamado, fica-se de pé; quando não, fica-se

---

[2] Sobre este tema, pode-se ler com proveito: NUCAP-PASTRO, Claudio. *Iniciação à liturgia*. São Paulo, Paulinas, 2012, capítulos 2-5.
[3] CONCÍLIO VATICANO II, Constituição *Sacrosanctum Concilium* (sobre a sagrada liturgia). 8. ed. São Paulo, Paulinas, 2007. n. 7.

sentado. A proclamação sempre será feita do ambão. Em seguida, há uma conversa ou partilha, inspirada na Palavra ouvida, sobre a vida do grupo.

Podem-se acrescentar preces de pedidos ou de ação de graças, propor alguma bênção etc. A duração e frequência de tais celebrações variarão de acordo com a sensibilidade do grupo e da equipe catecumenal.

Vivência

O catecumenato é concebido como a escola de discípulos. Eles seguem o Mestre e devem aprender a discernir, segundo o Evangelho, os acontecimentos de sua vida diária, os fatos do mundo, as correntes de pensamento... A obtenção de atitudes cristãs constituirá o termômetro de avaliação da assimilação das atividades catecumenais.

Os encontros catecumenais desta obra baseiam-se na acolhida do Reino inaugurado por Cristo. A chegada dessa nova maneira de ver o mundo, que chamamos de Reino de Deus, estabelece critérios inovadores de relacionamento humano, bem diferentes daqueles que o mundo apresenta. Como exemplo, vale lembrar Jesus acolhendo os pobres e denunciando, como vários profetas do Primeiro Testamento, as mais variadas formas de injustiça de seu tempo (contra mulheres, contra pecadores, contra estrangeiros etc.). Esse modo de atuar de Jesus deverá constituir um traço fundamental do catecumenato, cujas consequências práticas são fundamentais para avaliarmos a veracidade do caminho seguido e percebermos a assimilação dessas atitudes no modo de pensar e de atuar de nossos crismandos.

O cristão é fermento de ação no mundo, é testemunha do Reino em todos os campos de sua ação. "A evangelização dos jovens não pode visar somente às suas relações mais próximas – como o grupo de amigos, a família –, a amizade, a fraternidade, a afetividade, o carinho, as pequenas lutas do dia a dia. A ação evangelizadora deve também motivar o envolvimento com as grandes questões que dizem respeito a toda a sociedade, como a economia, a política e todos os desafios sociais de nosso tempo. Há necessidade de animar e capacitar o jovem para o exercício da cidadania, como uma dimensão importante do discipulado."[4]

Oração

A catequese conduz o batizado à participação plena, ativa e frutuosa na liturgia e ajuda o catequizando a fazer a experiência dos símbolos celebrados.

A equipe catecumenal deverá optar menos por "dinâmicas" e mais por uma postura orante, celebrativa e vivencial. Vale a pena voltarmos a uma catequese que privilegie o uso de símbolos como são celebrados no culto litúrgico. Uma catequese que, pouco a pouco, revele a linguagem dos ritos, símbolos, gestos e posturas utilizados na celebração.

"A catequese litúrgica explica o conteúdo das orações, o sentido dos gestos e dos sinais, educa à participação ativa, à contemplação e ao silêncio. As fórmulas litúrgicas, particularmente as orações eucarísticas, são ricas de conteúdo doutrinal que expressam o mistério celebrado."[5]

Os encontros contemplam pequenas vivências que educam para a acolhida do outro, para saber ouvir a Palavra, partilhar a vida ou o modo de pensar, praticar a ação de graças, ser generoso e oferecer a vida como serviço de amor e de dom de si (lava-pés), pedir perdão, reconhecer a presença e o direito do outro. Atitudes como essas, em pequenas vivências, colocam o Evangelho em ação e realizam o sacramento em seu efeito primeiro como símbolo pertencente a este mundo. Naturalmente, será necessário preparar a equipe e os jovens para essas práticas, pois se trata de exercícios simples, mas que resgatam atitudes não muito praticadas hoje. [6]

---

[4] CNBB, *Evangelização da juventude*, cit., n. 83; cf. também o n. 177.
[5] CNBB, *Diretório nacional de catequese*, cit., n. 121.
[6] O NUCAP fundamentou esta metodologia e ampliou as vivências litúrgicas. Conferir: *Mistagogia; do visível ao invisível*. São Paulo, Paulinas, 2013.

Os(as) catequistas poderão estimular uma catequese mais vivencial dos símbolos litúrgicos – assembleia; Palavra; fonte batismal, água; mesa/altar, pão e vinho; óleo; luz e trevas – que una o gesto litúrgico, a palavra que o explique e o compromisso que nasce de sua experiência.

Avaliação

Palavra e sacramento só têm sentido porque a fé diz algo sobre a vida. Esse critério supõe a constante revisão dos animadores e o estudo de propostas que ajudem o grupo a crescer de acordo com suas fragilidades e motivações. Momentos de avaliação servem para detectar as lacunas pedagógicas na educação para a fé dos jovens. Mesmo que a equipe animadora já tenha se reunido no início do catecumenato e elaborado em grandes linhas o cronograma de suas atividades, recomenda-se uma avaliação a cada mês ou no início de cada unidade.

Unidade I
Pré-Catecumenato

1º encontro

O Pai envia seu Filho

Objetivo

Reconhecer e acolher a iniciativa gratuita do Pai de enviar o Filho a fim de comunicar a sua graça, o seu amor, à humanidade inteira.

Reflexão

Proclamar: *Jo 3,16-21 – Deus amou tanto o mundo, que entregou o seu Filho único.*

A história de Jesus de Nazaré da Galileia tem seu ponto de partida em uma realidade profundamente humana, que é a família. O Segundo Testamento nos dá notícia da sua concepção no ventre materno de uma mulher que vivia em Nazaré da Galileia chamada Maria. Ela estava prometida em casamento a um homem também de Nazaré chamado José.

Mas, se o Filho foi enviado pelo Pai para nascer no coração de uma família situada dentro de uma cultura e de uma sociedade concreta, houve também uma pré-história, um antes da entrada do Filho na nossa história, um seu relacionamento com o Pai antes da encarnação.

É o relacionamento pessoal determinado pelo amor absoluto e pleno existente entre o Pai e o Filho que possibilita o envio deste último pelo Pai. Tal gratuidade amorosa se desdobra diretamente em favor da humanidade. Qual terá sido a motivação para Deus-Pai enviar o Filho. A resposta é a radical gratuidade do amor do Pai. *Deus amou tanto o mundo, que entregou o seu Filho único, para que todo o que nele crê não pereça, mas tenha a vida eterna* (Jo 3,16). Enviar é sinônimo de oferecer, doar, entregar em benefício salvífico-libertador para a humanidade. *Quem não poupou o seu próprio Filho e o entregou por todos nós, como não nos haverá de agraciar em tudo junto com ele?* (Rm 8,32).

Na plenitude dos tempos (Gl 4,4), Deus-Pai enviou ao mundo seu Filho Jesus Cristo, Senhor nosso, Deus verdadeiro "nascido do Pai antes de todos os séculos" e homem verdadeiro nascido da Virgem Maria por obra do Espírito Santo. A figura feminina é a mediação humana que torna possível a entrada do Filho na história, segundo a expressão paulina *nascido de uma mulher* (Gl 4,4). A maternidade humana é vinculada à paternidade de Deus-Pai. O envio e o nascimento do Filho acabam sendo a superação do distanciamento entre divino e humano.

Instaura-se o dinamismo do quanto mais humano mais divino, quanto mais divino mais humano. Assim, o Filho é a verdadeira comunicação reveladora da identidade do ser humano. De tão humano, o Filho recupera o verdadeiro sentido da dignidade e da vida humana por revelar/comunicar a vida divina dentro da própria vida humana. "Na realidade, o mistério do homem só no mistério do Verbo encarnado se esclarece verdadeiramente. Adão, o primeiro homem, era efetivamente figura do futuro, isto é, de Cristo Senhor. Cristo, novo Adão, na própria revelação do mistério do Pai e do seu amor, revela o homem a si mesmo e descobre-lhe a sua vocação sublime. Não é por isso de admirar que as verdades acima ditas tenham nele a sua fonte e nele atinjam a plenitude. 'Imagem de Deus invisível' (Cl 1,15), ele é o homem perfeito, que restitui aos filhos de Adão semelhança divina, deformada desde o primeiro pecado. Já que, nele, a natureza humana foi assumida, e não destruída, por isso mesmo também em nós foi ela elevada a sublime dignidade. Porque, pela sua encarnação, ele, o Filho de Deus, uniu-se de certo modo a cada homem. Trabalhou com mãos humanas, pensou com uma inteligência humana, agiu com uma vontade humana, amou com um coração humano. Nascido da Virgem Maria, tornou-se verdadeiramente um de nós, semelhante a nós em tudo, exceto no pecado."[1]

A expressão paulina *nascido de mulher* ganha um especial contorno na afirmação do Quarto Evangelho: *E o Verbo se fez carne, e habitou entre nós* (Jo 1,14a). Sua divindade se radica na eternidade da sua existência como Verbo eterno em comunhão de vida com o Pai. O Eterno assume a temporalidade tipicamente humana tornando-se um de nós. Ele vem habitar, vale dizer, fazer morada no coração da humanidade, situada no mundo e na história. A encarnação do Verbo é expressão da total e absoluta solidariedade de Deus para com o ser humano.

Quando o Pai, no desígnio do seu amor, decide enviar o Filho e quando este nasce de uma mulher, está abraçando a humanidade inteira. O outro braço do Pai é o Espírito Santo. Por isso, o Filho nasce na história por obra do próprio Espírito Santo. Esse movimento dinâmico e totalmente gratuito da ação amorosa do Pai através dos seus dois braços (o Filho e o Espírito Santo) é a retomada do sentido primeiro da criação do mundo e do ser humano.

VIVÊNCIA

O envio e a entrada do Filho na história, o qual passa a ser caminhante e peregrino com o ser humano, são a abertura definitiva para a transformação da pessoa e do mundo conforme o projeto original de Deus. Esse deve ser o compromisso do cristão em um processo de conscientização sempre crescente daquilo que significa fazer o caminho do seguimento de Jesus Cristo na atualidade da vida.

Incentive os crismandos a lerem diariamente uma perícope, um trecho do evangelho (parábola, ensinamento, discurso), a fim de que o grupo se familiarize com a vida e os ensinamentos de Jesus.

---

[1] CONCÍLIO VATICANO II. Constituição *Gaudium et Spes* (sobre a Igreja no mundo de hoje). 15. ed. São Paulo, Paulinas, 2007. n. 22.

Oração

Com o grupo em torno do ambão da igreja, faz-se uma leitura do texto a seguir para em seguida proclamar o Evangelho.

A liturgia comemora sem cessar, em cada celebração, a Palavra feita carne e dada como alimento aos que têm sede e fome do Pão descido do céu. Essa Palavra é o próprio Filho que o Pai nos enviou. Cristo Jesus, palavra vivente do Pai à humanidade, "presente está pela sua palavra, pois é ele mesmo que fala quando se leem as Sagradas Escrituras na igreja",[2] ou ainda, "presente em sua Palavra, anuncia o Evangelho".[3]

A Palavra de Deus contida na Bíblia se converte toda vez, na celebração litúrgica, em um "acontecimento novo", e adquire – segundo os tempos do Ano Litúrgico, as festas e ou a celebração concreta – uma nova interpretação e eficácia.

É a própria celebração, a partir de seu "hoje" e "aqui", que ampara e dá novo e eficaz sentido à Escritura. Como o próprio Jesus fez em sua homilia em Nazaré (cf. Lc 4,16-21: *Hoje, esta escritura se realizou para vós que a ouvis*).

A celebração litúrgica da palavra não é uma mera reunião de estudo ou uma catequese de formação permanente em torno de um livro sagrado: é o acontecimento de um Deus que fala hoje e aqui para a comunidade concreta.

A presença de Cristo em sua palavra proclamada é pessoal, dinâmica e salvadora. Primeiro ele se dá a nós como palavra e depois como alimento eucarístico. Primeiro "comungamos" com ele na forma de palavra viva de Deus (ele é a palavra definitiva) e depois na forma de Pão e Vinho.[4]

---

[2] Id. Constituição *Sacrosanctum Concilium* (sobre a sagrada liturgia). 8. ed. São Paulo, Paulinas, 2007. n. 7.

[3] *Instrução Geral sobre o Missal Romano*, n. 29.

[4] Cf. ALDAZÁBAL, José. *A mesa da Palavra I: elenco das leituras da missa*; comentários. São Paulo, Paulinas, 2007, pp. 14-17.

Comentarista: *Diante do máximo valor com que a Igreja celebra a Palavra, vamos acolhê-la cantando.*

Entrada solene do livro da Palavra (o *Lecionário* ou uma Bíblia) e, em seguida, a proclamação.

O leitor 1 proclama: *Jo 1,1-8.14 – O Verbo se fez carne.*

Partilhar: Por que a liturgia venera e valoriza tanto a Palavra? Pode-se concluir com algumas preces espontâneas, o Pai-Nosso e a bênção final.

2º encontro

O Evangelho de Jesus segundo Marcos

OBJETIVO

Propor a leitura continuada dos 16 capítulos do evangelho de Marcos sob o acompanhamento do introdutor ou dos catequistas para que os crismandos conheçam a pessoa e os acontecimentos da vida de Jesus e criem o hábito de ler sempre a Palavra de Deus.

REFLEXÃO

O Evangelho segundo Marcos é o mais breve dentre os três sinóticos.[1] Visa responder a três perguntas: Quem é Jesus? Qual é a sua missão? Como se tornar seu discípulo?

Esta obra inaugura no cristianismo o gênero literário denominado *evangelho*. O termo "evangelho" deriva do grego *euangélion* (*eu* significa "bom/boa" e *angélion*, "notícia/mensagem"). Evangelho é, então, o "anúncio de um acontecimento bom e extraordinário" nos lábios de quem o transmite e para os ouvidos de quem o escuta.

Os primeiros cristãos assumiram e utilizaram o termo *euangélion* para definir o *evento Jesus Cristo* na sua totalidade. *Euangélion* é a mensagem salvífica, anunciada *oralmente* e tem

---

[1] O evangelho segundo *Mateus*, *Marcos* e *Lucas* são chamados *Sinóticos*. Este termo é oriundo de duas palavras gregas *syn* + *optikos* ("visão de conjunto" ou "mesmo ponto de vista"), porque possuem semelhança de material e oferecem uma ampla concordância, podendo ser dispostos para a leitura em colunas paralelas.

seu início na vida e obra de Jesus, pois Ele é a *Boa-Notícia* do Pai revelada aos homens. Assim, no início, a pregação da Igreja não dizia respeito a uma notícia deixada por escrito, mas era a transmissão da experiência que brotou da fé dos Apóstolos que conviveram com a pessoa e participaram das palavras e das obras de Jesus de Nazaré.

O Novo Testamento (NT) conhece somente *o evangelho* e não o seu plural, *evangelhos*. Evangelho é sempre uma única realidade. É uma Pessoa em sua vida e ministério: Jesus Cristo, morto e ressuscitado, anunciado e testemunhado aos homens (cf. Rm 1,1-7). "Por esse motivo, não há diferença entre crer no que Jesus *proclama* e *anuncia* e no que Ele é, pois Ele é a Palavra de Deus que se manifesta em seu *ser* e *agir*. Não se trata, apenas, de aderir às ideias de Jesus, mas à sua pessoa."[2]

Euangélion é uma pregação oral eficaz. É uma Palavra Viva, que deve ressoar no mundo de forma agradável e eloquente para quem a escuta. O principal objetivo dessa pregação é proporcionar o encontro do homem com a pessoa de Jesus Cristo, o Verbo feito carne (Jo 1,1-18), e provocar a adesão ao plano salvífico do Pai que n'Ele se revela e por Ele se realiza.

A passagem do *âmbito oral* ao *âmbito escrito* constituirá uma fase sucessiva, ocorrida depois de uns trinta ou quarenta anos após o evento da Páscoa de Jesus. *Euangélion*, a partir disto, começará a designar um *gênero literário* (cf. Mc 1,1).

Em linhas gerais, tem-se a seguinte aplicação para o termo:

- *Evangelho* é a Boa-Notícia anunciada pelo próprio Jesus aos ouvintes de sua época (cf. Mc 1,14-15 e paralelos; Lc 18,29).
- *Evangelho* é o próprio Jesus; conteúdo do anúncio e Pessoa se inter-relacionam (cf. Mc 8,35).
- *Evangelho* é a pregação dos apóstolos sobre Jesus e sua obra salvífica (cf. At 28,31; Cl 1,26-27); eles ensinam tudo o que diz respeito ao Filho de Deus, a partir da sua vitória sobre a morte: sua Ressurreição e Ascensão aos céus.

---

[2] CNBB. *Discípulos e servidores da Palavra de Deus na missão da Igreja*. São Paulo, Paulinas, 2012, n. 18. (Documentos da CNBB 97).

- *Evangelho*, enfim, é a passagem do anúncio oral das *Palavras* e dos *Fatos* de Jesus para o Livro que contém tais *Palavras* e *Fatos*, a fim de que todas as gerações conheçam, amem e adiram ao Salvador.

Autoria

Marcos não figura na tradição da Igreja como um dos apóstolos, mas como um discípulo e um direto colaborador, em especial de Pedro, que o chama *meu filho* ("A eleita como vós, que está em Babilônia, vos saúda, e meu filho Marcos" [1Pd 5,13]), e de Paulo, que, da sua prisão por causa de Jesus e do seu evangelho, reclama a presença e a atuação de Marcos no ministério ("Só Lucas está comigo. Toma Marcos e traze-o contigo, pois me será útil para o ministério" [2Tm 4,11]).

Marcos tornou-se um fiel discípulo de Jesus Cristo e membro atuante em sua Igreja, companheiro de missão junto a Pedro e a Paulo, fazendo parte da primeira geração dos discípulos e missionários do evangelho.

Destinatários

O segundo evangelho parece que foi escrito para convertidos pouco familiarizados com o ambiente e com as tradições judaicas.

Lugar e data

Conforme uma antiga tradição, o Evangelho segundo Marcos teria sido escrito em Roma, lugar final da atividade apostólica de Pedro (cf. 1Pd 5,13).

As sequências narrativas

Marcos não quis fazer uma *crônica* sobre Jesus, mas encontrou um modo de apresentar a sua identidade *em duas etapas*, unidas pela célebre *confissão de Pedro* em Cesareia de Filipe (cf. Mc 8,27-30). Jesus, em sua identidade e missão, revela-se *o messias* que realiza o Reino de Deus pela total obediência.

Primeira etapa: Jesus e as multidões

Nota-se a relação de Jesus com as multidões, que compreendem muito pouco do seu "ensinamento" sobre o Reino de Deus.[3] Por causa dessa "incompreensão", no Evangelho segundo Marcos os fatos são privilegiados. Os feitos de Jesus, mais do que os discursos, atestavam melhor o Reino de Deus para os destinatários.

Todavia, apesar de Jesus realizar vários milagres, ele busca ocultar e preservar o seu messianismo do perigo de não ser bem entendido pelo povo e até pelos próprios discípulos. Esse "ocultamento" é chamado *segredo messiânico* (cf. Mc 1,33-34; 3,12; 5,43; 7,36; 8,26).

Narração

1,1-13: Preparação: ministério de João Batista que vem do deserto para preparar os caminhos do Messias.

1,14–8,26: Ministério de Jesus por toda a Galileia.

1,14-15: Nota fundamental do anúncio e ministério de Jesus: 'Cumpriu-se o tempo, e o Reino de Deus está próximo. Arrependei-vos e crede no Evangelho' (cf. Os 14,2-9).

1,16-45: Vocação dos primeiros discípulos; anúncio de Jesus feito com autoridade e confirmado pelos milagres realizados.

2,1–3,6: Série de conflitos envolvendo as lideranças religiosas que, já no início, decidem condenar e matar Jesus.

3,7–4,41: O ministério prossegue, mas cresce a oposição a Jesus. Alguns ensinamentos são feitos por meio de parábolas e evidenciam que o Reino vem revelado aos discípulos e não a quem se opõe ao evangelho. A fé dos discípulos é provada

---

[3] A categoria teológica "Reino de Deus" é uma característica do evangelho proclamado por Jesus, que irrompe na história não como um "lugar geográfico", mas como a ação total de Deus na vida de uma pessoa. Dizer "Reino de Deus" equivale a dizer que "Deus reina" na vida da pessoa que a ele adere. Em Jesus, o Reino é pleno e sem dicotomias, pois Jesus realiza, plenamente, a vontade de Deus.

na tempestade, que oferece a ocasião para mostrar o estupor deles, mas também serve para alargar a missão de Jesus.

5,1–8,26: Em territórios pagãos, Jesus realiza prodígios que servem de ensinamento e de preparação para a missão dos doze. O martírio de João Batista revela e atesta o seu carisma profético diante de Herodes.

Segunda etapa: Jesus e os seus discípulos

A segunda etapa está ligada à Judeia e em particular à capital, Jerusalém, onde o ministério de Jesus é consumado. Esta etapa pode ser dividida em dois momentos: (a) a viagem rumo a Jerusalém (cf. Mc 10,32-52); (b) os eventos em Jerusalém (cf. Mc 11,1–16,8.9-20).

Os discípulos, por primeiro, são os que devem reconhecer e compreender o significado do messianismo assumido por Jesus (cf. Mc 8,27-33). Por isso, Jesus lhes fala, abertamente, sobre o centro da sua missão, paixão e morte, entendendo a natureza e a razão última do ministério. O ponto culminante da revelação messiânica acontecerá em duas fases ou momentos: (a) durante o processo de condenação de Jesus diante do Sumo Sacerdote (cf. Mc 14,60-62); (b) no momento da sua morte de cruz diante do centurião (cf. Mc 15,39).

8,27–10,52: Em Cesareia de Filipe, bem ao norte de Israel, Pedro proclamará que Jesus é o Cristo (= Messias). A intenção do evangelho dirige o ouvinte-leitor a fixar-se sobre a paixão, pois após a confissão seguem três anúncios (cf. Mc 8,31; 9,31; 10,32-34).

Ao lado da confissão de Pedro, a transfiguração de Jesus antecipa e manifesta a sua glória para três discípulos. Nesta seção, encontram-se diversos ensinamentos de Jesus sobre o seguimento e o discipulado. Estes aparecem enquadrados por duas curas de cegos (cf. Mc 8,22-26 e 10,46-52), simbolizando a dificuldade que os discípulos possuem para se deixar iluminar (uma referência ao Batismo?), alcançar o destino e o objetivo do ensinamento do Mestre (Mc 10,35-45 exemplifica o fato).

11,1-16,8: Início do ministério em Jerusalém: o templo figura no centro da narrativa.

11,1-12,44: As atitudes de Jesus no templo aparecem como um novo sinal profético (cf. Jr 26) e fundamentam os novos conflitos e controvérsias com as autoridades judaicas.

13,1-37: A predição da destruição do templo abre espaço para as novas instruções sobre as lutas que a comunidade sofrerá enquanto aguarda a consumação dos tempos.

14,1-15,47: O início da narrativa sobre a Paixão tem por base a conspiração dos Sumos Sacerdotes (Anás e Caifás), que leva Jesus à morte pelas mãos de Pilatos.

16,1-8: O evangelho termina não com os discípulos, mas sim com as mulheres que descobrem o túmulo vazio e recebem a tarefa de anunciar a vitória de Jesus sobre a morte aos discípulos e a Pedro. O temor e o medo, porém, dominam a cena.

16,9-20: Este final canônico está de acordo com os limites estabelecidos por Pedro na ocasião em que tomou a palavra sobre a sucessão de Judas Iscariotes (cf. At 1,21-22; 10,41), mas nota-se, claramente, a interferência lucana, parecendo um resumo do final do terceiro evangelho.

VIVÊNCIA

O surgimento do evangelho por escrito não perde a sua força de anúncio oral. Diante deste anúncio, cada pessoa que ouve ou lê pode manifestar e assumir duas posturas: *conversão* ou *escândalo*.

a) Acontece a *conversão* na vida daquele que acolhe o evangelho (cf. Mc 1,15), fazendo um caminho inverso de vida e alcançando a salvação (cf. Rm 1,16; 1Cor 15,1-2).

b) Acontece o *escândalo*, isto é, pedra de tropeço, na vida daquele que não acolhe ou rejeita o evangelho (cf. At 17,32), distanciando-se da salvação (cf. 1Cor 1,17-23; Mt 11,5-6; Lc 7,22-23).

Quando o evangelho é recebido com amor, a pessoa inicia um processo de conversão que a insere na dinâmica do discipulado, consciente de que o encontro com Jesus Cristo tornou-se nela uma necessidade a favor das outras pessoas.

Em contrapartida, quando o evangelho não é recebido, a pessoa, por não se abrir ao amor, deixa de dar a si mesma a chance de trilhar um caminho de mudança. O "eu" sobrepõe-se ao "tu".[4]

Oração

Antes de iniciar as orações em grupo ou as celebrações da comunidade, convide os crismandos a se cumprimentarem, a desejarem a paz ou se abraçarem. Motive-os antes, para que não seja apenas algo barulhento, mas que tomem atenção no sentimento interior de aprovação do outro, de perdão das mútuas ofensas ou mal-entendidos, de cuidado do outro, particularmente daqueles(as) que passam por situações de doença ou por problemas familiares.

Convide os crismandos a se integrarem na equipe de acolhida e combinar estratégias, por exemplo: ajudá-los a identificar as pessoas novas na celebração, ir ao encontro e estabelecer o diálogo com elas.

As duas fórmulas mais comuns de saudação no início da missa expressam à comunidade reunida a presença do Senhor. Reflita tais sentidos com o grupo.

    a) A graça de nosso Senhor Jesus Cristo, o amor do Pai e a comunhão do Espírito Santo estejam convosco.

---

[4] Este encontro é uma transcrição livre de: FERNANDES, Leonardo Agostini. Introdução ao Evangelho segundo Marcos. In: FERNANDES, Leonardo Agostini; GRENZER, Matthias. *Evangelho segundo Marcos*; eleição, partilha e amor. São Paulo, Paulinas, 2012, pp. 7-28.

b) A graça e a paz de Deus, nosso Pai, e de Jesus Cristo, nosso Senhor, estejam convosco.

Resposta: Bendito seja Deus que nos reuniu no amor de Cristo.

3º encontro

Jesus Cristo no Evangelho segundo Marcos

Objetivo

Apresentar o caminho que os discípulos fizeram para reconhecerem o Filho de Deus, a fim de que os crismandos possam colocar-se a caminho para igualmente reconhecerem o Filho de Deus em suas vidas.

Reflexão

Marcos tem o interesse de evidenciar o mistério de Jesus: revelando-o não somente como *Cristo*, mas também como verdadeiro *Filho de Deus* (cf. Mc 1,1).[1] O caminho para alcançar esta meta é fatigoso e difícil, em meio a intrigas, incompreensões e ameaças de morte. Ao lado disso, o *segredo messiânico* (cf. Mc 1,33-34; 3,12; 5,43; 7,36; 8,26) perpassa todo o evangelho, dando a entender que, para reconhecer e acolher Jesus como messias, se faz necessário acolher, integralmente, a vontade de Deus, liberando-se do equívoco de ver o messias como alguém intocável pelos homens. Os compatriotas de Jesus esperavam um

---

[1] O caminho para o conhecimento de Jesus nos Evangelhos de Mateus, Marcos e Lucas é apresentado como um percurso *ascendente*, isto é, o reconhecimento sobre a identidade e a missão de Jesus parte da sua humanidade para chegar à revelação da sua divindade. É um método indutivo, pois parte-se do elemento particular (o humano) para alcançar o elemento mais abrangente (o divino).

messias nos moldes do rei Davi, líder bélico, revestido de grandeza e majestade, e não como Jesus o viveu, pelo serviço e doação.[2]

Jesus demonstrou que não veio ser o messias guerreiro e líder político. Ele assumiu e se apresentou como servo sofredor, como o messias segundo o desígnio do Pai.[3] Ele veio para realizar a vontade do Pai e não o querer dos homens permeado de grandezas e glórias humanas.

Por isso, o segredo messiânico transparece no Evangelho segundo Marcos como uma tentativa de salvaguardar o ministério público de Jesus, para que não fosse ameaçado pelas falsas pretensões em torno de um messias preocupado, apenas, em salvar o povo eleito no que dizia respeito às questões materiais. Jesus é o messias que veio realizar a verdadeira libertação da opressão causada pelos grilhões do pecado e das injustiças, restaurando a integridade original do ser humano.

Jesus foi admirado pelos seus compatriotas, mas não foi compreendido e, por conseguinte, foi rejeitado por se definir como o *Filho do Homem Sofredor*. Percebe-se que as multidões (cf. Mc 1,14–3,12; 6,1-6), os familiares (cf. Mc 3,20-21) e os seus discípulos (cf. Mc 8,31-38) também não conseguiram penetrar no íntimo e na lógica do messianismo vivido por Jesus.

A identidade de Jesus é um mistério, é uma revelação que pertence exclusivamente ao Pai (cf. Mc 1,11; 9,7), mas que, por palavras e obras, é dada aos discípulos em um momento certo (cf. Mc 4,10-13; 8,27-30). Jesus, pessoalmente, também se revelará e se confessará messias diante da insistente pergunta feita pelo Sumo Sacerdote (cf. Mc 14,60-62), mas, na dinâmica do Evangelho segundo Marcos, esta confissão ficou reservada ao centurião diante da sua cruz (cf. Mc 15,39).

---

[2] Nas Tentações enfrentadas por Jesus, segundo as narrativas de Mateus e Lucas, ficou marcada a rejeição de um messianismo meramente terreno. Ele escolheu a via do serviço como caminho para realizar a vontade do Pai. Jesus não é o messias da "vida fácil" (mudar pedras em pães), do "sucesso" (pular do pináculo) e do "poder" (posse dos reinos), mas sim aquele em que o Servo se entrega livremente como vítima pelos pecadores (cf. Is 52,13–53,12).

[3] Esta perspectiva está acentuada nos textos litúrgicos da Quaresma, quando são lidos os *cantos do servo sofredor de Isaías* aplicados a Jesus Cristo (Domingo de Ramos: Is 50,4-7; Paixão do Senhor: Is 52,13–53,12).

Pelo segredo messiânico, Jesus revela o caminho assumido, capaz de manifestá-lo como o Filho que verdadeiramente se entregou à vontade do Pai. Jesus demonstrou a sua divindade, aceitando a rejeição dos homens, representados tanto pelos judeus como pelos romanos, e pela incompreensão dos seus discípulos e familiares.

Na dinâmica do ministério, para Jesus importa instaurar e realizar o Reino de Deus que possui uma força própria e cresce por si só (cf. Mc 4,26-32). Um reino que não se conquista pelas riquezas, pelo sucesso (cf. Mc 10,23-35), ou pela força do poder político (cf. Mc 11,10), mas que deve ser acolhido na simplicidade (cf. Mc 10,13-16).

Jesus, em sua identidade e missão, revela-se *o messias* que realiza o Reino de Deus pela total obediência. Mas como Jesus faz isso? Três momentos, presentes no Evangelho segundo Marcos, podem ajudar a responder a essa pergunta, levando-se em consideração estas *duas etapas* interligadas pela confissão de Pedro:

No primeiro momento, a missão do Filho acontece através das suas palavras e obras ligadas ao seu ministério na Galileia, que denunciam quem Ele é, isto é, revelam a sua identidade.

As multidões, vendo tudo o que Jesus ensina e realiza, se interrogam a respeito dele, mas não conseguem ir além do reconhecimento de que ele age como se fosse um profeta (cf. Mc 1,14–8,26). Não obstante isso, os milagres que Jesus opera e a sua palavra de autoridade revelam a força da sua atuação salvífica. Por causa dessa autoridade, apresentam-se os seus opositores: (a) os demônios (cf. Mc 1,24.34; 5,7); (b) os fariseus, que tramam contra a sua vida (cf. Mc 3,6); (c) os apóstolos, que, não compreendendo, ficam perplexos diante das palavras e das obras de Jesus (cf. Mc 4,13; 6,52; 7,18; 8,17-21; 9,31-33).

No segundo momento, acontece a revelação do Filho como sendo o Cristo. Esta revelação é feita aos discípulos, inicialmente, através da instrução que Jesus inicia a partir da confissão que brota nos lábios de Pedro: *Tu és o Cristo*. Com essa confissão, tem início a viagem de Jesus com os seus discípulos rumo a Jerusalém para concluir a sua missão (cf. Mc 8,27–13,23).

Jesus pretende mostrar aos discípulos que a confissão *Tu és o Cristo* não era uma simples afirmação que brotara nos lábios de Pedro, mas consistia em uma revelação que exigia assumir, aderir e entender o plano divino do Messias, isto é, a realização do Reino de Deus e de sua vontade.

A partir dessa confissão, as multidões saem parcialmente de cena, os milagres diminuem e Jesus dedica-se, quase exclusivamente, à instrução dos seus discípulos. Estes, porém, não entendem o sentido do mistério messiânico de Jesus (cf. Mc 8,33; 9,10.32; 10,38). Por três vezes Jesus anuncia a sua paixão-missão (cf. Mc 8,31-33; 9,30-32; 10,32-34), a fim de ajudá-los a superar o messianismo terreno do poder e da glória meramente humanos. No fundo, Jesus pretende que eles alcancem uma plena compreensão da revelação da sua identidade. Por isso, do seu ensinamento resulta que ele é *o Filho e Senhor de Davi* (Mc 12,36; cf. Sl 110,1), e *O Filho do Homem vindo entre as nuvens* (Mc 13,26; cf. Dn 7,14-15 e Ez 1,26-28).

Jesus é, ao mesmo tempo, o Filho do Homem e o Servo Sofredor, que seguirá a estrada do sofrimento e da cruz para salvar e resgatar todos aqueles que o aceitarem (Mc 10,45 parece aludir a Is 52,13–53,12).

No terceiro momento, acontece a revelação de Jesus, como Messias e Filho de Deus. Esse momento se realizou pela total doação de Jesus durante a sua entrega eucarística, que antecipa a sua paixão e morte. É a autorrevelação de Jesus como Messias e Filho de Deus. A cruz é o sinal que visualiza a sua identidade e a sua missão, concretizando, assim, a manifestação de Deus que ocorreu no momento do Batismo (Mc 1,9-11 é uma chave de leitura para todo o evangelho), da transfiguração (cf. Mc 9,7), e no momento em que um pagão, isto é, o executor da sentença, reconhece a filiação divina no crucificado: *Verdadeiramente este homem era filho de Deus* (Mc 15,39).[4]

---

[4] Este encontro é uma transcrição livre de: FERNANDES, Leonardo Agostini. *Introdução ao Evangelho segundo Marcos*, pp. 29-34.

Vivência

Abraçar a cruz de Cristo significa amar além dos interesses pessoais. Implica compreender que o amor ultrapassa as fronteiras dos sentimentos para acolher e proteger o outro como irmão. Assim como Jesus nos amou até derramar seu sangue na cruz.

O que significa a cruz no caminho de Jesus? Ela tem o mesmo significado no caminho do discípulo-crismando?

Oração

Comentarista: *A chegada de Jesus em nosso tempo inaugura uma nova forma de viver. Ele nos apresenta um novo projeto de sociedade e de como as pessoas podem se relacionar de maneira harmoniosa e fraterna. Todos somos convocados a fazer parte desse Reino.*

Leitor 1: *proclama Mc 1,14-20 – A chegada do Reino e a convocação dos discípulos.*

Silêncio

Leitor 2: *Senhor, ensinai-nos a sermos discípulos vossos. Queremos conhecer vossa pessoa e descobrir a novidade do Reino em nossas vidas. Ouvimos tantas vozes, mas somente o vosso chamado pode nos trazer a verdadeira felicidade que não decepciona. Mostrai-nos vosso rosto, tomai nossas mãos e guiai-nos em direção do vosso coração. Não queremos nos afastar de vós! E sim, ter-vos como nosso amigo e irmão que nos conduz ao Pai na força do vosso Espírito.*

Catequista ou introdutor: *Ó Deus, vós que mostrais a luz da verdade aos que erram para que possam voltar ao bom caminho, concedei a todos os que se gloriam da vocação cristã rejeitem o que se opõe a este nome e abracem quanto possa honrá-lo. Por nosso Senhor Jesus Cristo, vosso Filho, na unidade do Espírito Santo.*[5]

---

[5] Oração de Coleta da 2ª feira da 3ª semana da Páscoa.

4º encontro

A Igreja no Evangelho segundo Marcos

OBJETIVO

Apresentar a força do Evangelho que congrega os discípulos em comunidade e torna-os continuadores da missão de Cristo no mundo.

REFLEXÃO

Marcos apresenta o seguimento de Jesus ou discipulado como um real aprendizado em etapas que correspondem às etapas do conhecimento de Jesus. É um caminho longo, pedagógico, pela via do serviço, do sofrimento e da plena aceitação da cruz. A vida e o destino dos discípulos não é diferente da vida e do destino de Jesus, seu Mestre e Senhor. A iniciativa do chamado é exclusividade de Jesus (cf. Mc 3,13-19). Jesus *passa, vê, chama* e *se interessa* por anunciar e concretizar o Reino de Deus por meio de colaboradores, aos quais dedicará a formação pela convivência.

Podem-se individuar algumas características da comunidade cristã que se encontram implícitas no Evangelho segundo Marcos.

A Igreja, e nela cada cristão, deve estar orientada unicamente para Jesus Cristo, o Filho de Deus. É em Jesus Cristo Filho de Deus (Mc 1,1) que o cristão recebe a sua própria identidade e a sua missão. Na verdade, descobre como ser discípulo e para sê-lo, de fato, deve se desapegar de tudo o que se possa pensar capaz de oferecer Salvação, deve abandonar as falsas seguranças e admitir que só Jesus Cristo salva. O fiel discípulo deve, também, abandonar as falsas esperanças messiânicas, para seguir única e exclusivamente Jesus Cristo, aceitando-o no seu caminho de adesão pessoal e de aceitação da sua cruz cotidiana (cf. Mc 8,34-38).

Por isso, o discípulo de Jesus Cristo no Evangelho segundo Marcos deve:

a) destacar-se da família (cf. Mc 3,20-21.31-35);

b) assumir a missão itinerante com confiança na divina providência (cf. Mc 6,6b-9);

c) destacar-se dos seus bens (cf. Mc 10,17-31);

d) vigiar para reconhecer o momento da sua manifestação (cf. Mc 13,33-37).

A comunidade dos seguidores possui uma organização feita pelo próprio Jesus. No grupo dos numerosos discípulos,[1] Jesus escolheu Doze, que os evangelhos denominam de apóstolos, isto é, *enviados* ou simplesmente *os Doze* (cf. Mc 3,13-19). O grupo dos Doze, em relação aos outros discípulos, é íntimo, está mais próximo e formam uma comunidade de vida com Jesus, que lhes dedica uma particular atenção e instrução, praticando uma experiência missionária que deve ser entendida como conteúdo da evangelização: anunciar a Boa-Nova e libertar do demônio (cf. Mc 6,7-13). Os Doze estão com Jesus e agem no poder do seu nome, aprendendo, contudo, a ser servos, a exemplo do próprio Mestre (cf. Mc 9,35-37; 10,35-45).

No interior do grupo dos Doze, reconhece-se que havia um grupo mais estreito, constituído por três membros: Pedro, Tiago e João. Estes foram testemunhas oculares de certos eventos:

a) a ressurreição da filha de Jairo (cf. Mc 5,35-43);

b) a transfiguração de Jesus (cf. Mc 9,2-8);

---

[1] Lucas, em seu evangelho, fala de pelo menos 72 discípulos (cf. Lc 10,1). Paulo afirma que Jesus ressuscitado apareceu para mais de quinhentos irmãos (cf. 1Cor 15,6).

c) a revelação sobre os últimos tempos (cf. Mc 13,3-37);

d) a oração no Getsêmani (cf. Mc 14,33-42).

Do grupo dos três, segundo todos os quatro evangelhos, Pedro possuía certo protagonismo: encabeça todas as listas dos Doze (cf. Mt 10,2; Mc 13,16; Lc 6,14; At 1,13), Jesus muda-lhe o nome de Simão para Pedro (cf. Mc 3,16) e a ele tocou a revelação messiânica (cf. Mc 8,29).[2] O protagonismo de Pedro verifica-se, também, por meio das suas atitudes antagônicas: quer se apresentar como fiel (cf. Mc 14,29), mas só foi capaz de negar Jesus e a comunidade dos discípulos (cf. Mc 14,54-72).

Pedro opôs-se a seguir Jesus, apenas confessado Cristo, através da via dolorosa (cf. Mc 8,32). O modo de pensar de Pedro era idêntico ao dos seus compatriotas, pois esperava e acreditava em um messias político. Por isso, Jesus o chamou de *satanás*, comparando Pedro ao adversário por excelência e eterno opositor aos desígnios de Deus.

A mesma ideia de um messias-rei levou os irmãos João e Tiago a pedirem a Jesus um posto privilegiado ao seu lado no seu Reino (cf. Mc 10,35-45).

Não obstante isso, esses três apóstolos foram as testemunhas da Transfiguração (cf. Mc 9,2-8) e são os que Jesus chamou para acompanhá-lo no horto das oliveiras (cf. Mc 14,32-34). Existe uma profunda ligação entre estes dois fatos e as pessoas que deles tomam parte. Os três são chamados a uma revelação, porque serão destinados a uma missão particular, mas é somente a Pedro que Jesus pergunta: "Simão, estás dormindo?" (Mc 14,37).

No grupo dos seguidores encontram-se mulheres, realidade insólita entre os rabinos daquela época (cf. Mc 15,41). Nenhuma destas seguidoras pertence ao grupo restrito dos apóstolos e não existe sequer um relato de vocação pessoal, mas protagonizam cenas, principalmente da crucifixão, da ressurreição e das aparições. No evangelho segundo Lucas, as mulheres, além de acompanhar

---

[2] Mateus sublinha o primado sobre a futura comunidade, quando, após a sua confissão, Jesus confia a Pedro "as chaves do Reino" (cf. Mt 16,18-19). Já em Lucas, Jesus assegura a Pedro a solidez da fé e lhe confia a tarefa de confirmar os irmãos na fé (cf. Lc 22,31-32).

Jesus e os Doze, estão ao seu serviço, pondo à disposição deles os seus bens (cf. Lc 8,1-3).

À diferença dos discípulos, algumas dentre essas mulheres acompanharão Jesus até o fim da sua experiência terrena, tornando-se, ao lado do "discípulo amado" e de Maria, a mãe de Jesus, as testemunhas oculares da sua morte, sepultura e ressurreição: "Maria de Magdala, Maria, mãe de Tiago, o Menor, e de Joset, e Salomé. Elas o seguiam e serviam enquanto esteve na Galileia. E ainda muitas outras que subiram com ele para Jerusalém" (cf. Mc 15,40-41.47; 16,1-8). Grande destaque é dado nos quatro evangelhos e na tradição cristã à pessoa de Maria de Magdala.

Essa dinâmica comunitária dos seguidores de Jesus tem o propósito de preparar os inícios da Igreja (cf. 2Pd 1,16-18). Pedro tornou-se exemplo de fidelidade e confiança no Senhor, pois, apesar das suas fraquezas, aprendeu a seguir a estrada da misericórdia e da conversão, isto é, aprendeu a ser e a agir com e como Jesus (cf. At 11,1-18).

VIVÊNCIA

O discípulo no Evangelho segundo Marcos, bem como o catecúmeno, é aquele que aceita seguir Jesus através da *via-sacra*. É aquele que entra e percorre um caminho de conversão, que aprende a conhecer Jesus através da sua bondade e misericórdia.

Essas qualidades de Jesus dão forças aos discípulos frágeis e infiéis para que se tornem semelhantes ao Mestre. A Cruz aceita e assumida por Jesus Cristo, o seu despojar-se total, é seguido de perto por seus discípulos, que abraçam o martírio e aceitam morrer testemunhando a coerência de vida que o Evangelho segundo Marcos exige do ouvinte-leitor (cf. Mc 13,5-36).[3]

---

[3] Este encontro é uma transcrição livre de: FERNANDES, Leonardo Agostini. Introdução ao Evangelho segundo Marcos, pp. 34-41.

ORAÇÃO

Comentarista: O caminho de Jesus é o da porta estreita. Ele nos convida a não nos iludirmos com o sucesso, a fama e o dinheiro fácil, mas a buscarmos nossa realização através do trabalho, das relações justas e responsáveis. Este caminho tem como base o amor ao próximo, a proteção do mais fraco e do meio ambiente. Todo esse empenho traz uma recompensa incomensurável: a plenitude do ser humano como imagem e semelhança do Criador.

Em sua transfiguração, Jesus antecipa a sua glória de Filho e a de todos aqueles e aquelas que o seguirem e foram adotados como seus irmãos e irmãs.

Leitor 1: proclama Marcos 9,2-8 – *a transfiguração de Jesus*.

Silêncio

Catequista ou introdutor: Perante o testemunho de Moisés e Elias, Jesus manifestou sua glória e fez resplandecer seu corpo, igual ao nosso, para que os discípulos não se escandalizassem da cruz. Desse modo, como cabeça da Igreja, manifestou o esplendor que refulgiria em todos os cristãos. Por isso, ó Pai, concedei aos vossos servos e servas ouvir a voz do vosso Filho amado, e compartilhar da sua herança. Por nosso Senhor Jesus Cristo, na unidade do Espírito Santo.

5º encontro
Minha história de fé

OBJETIVO

Retomar com o crismando sua trajetória de fé ocorrida no Batismo e na iniciação à Eucaristia, a fim de que compreenda a importância da celebração eucarística dominical e consolide sua participação semanal.

REFLEXÃO

Averiguar junto aos crismandos como foi a catequese de iniciação à Eucaristia, o que lembram dela, quem participou da catequese de perseverança. Apresentar o significado do Batismo e da Eucaristia.

A porta de entrada para a vida cristã é o Batismo. Ser batizado significa participar da vida, da missão e do destino de Jesus de Nazaré. Passamos a fazer parte da vida íntima da Trindade Santa (Pai, Filho e Espírito Santo), porque recebemos a dignidade de filhos de Deus. Somos filhos no Filho único do Pai, pela força do Espírito.

No Batismo, recebemos todos os dons necessários (a fé, a esperança e a caridade) para vivermos a dinâmica da vida divina (a graça) em nosso interior. O cristão já não está mais sozinho, à mercê das forças naturais e sobrenaturais. Traz em si a marca, o espírito de santidade que o insere na história da salvação de todo o povo de Deus.

Deus, quando imaginou o ser humano, lhe destinou para a glória, para a eternidade. O Batismo cristão nos insere na obra redentora de Cristo, de tal forma que já não vivemos unicamente para beber, comer, procriar, trabalhar, adquirir bens, segurança de vida ou lutar pensando somente no dia de hoje.

O plano de Deus nos abre um novo horizonte, aquele do Reino que Cristo inaugurou com sua vinda ao mundo. O cristão foi identificado com Cristo no Batismo, tornou-se uma coisa só com ele por uma morte semelhante à sua (cf. Rm 6,5). Assim, entendemos que para o cristão só tem sentido viver se for unido em Cristo, de acordo com seus ensinamentos.

A Eucaristia é a participação continuada ao longo da vida da Páscoa do Senhor, como resposta de adesão ao seguimento de Cristo, com o objetivo de assemelhar-se existencialmente sempre mais a ele. Dessa forma, em cada celebração eucarística o cristão oferece sua vida como oferenda agradável a Deus, unindo-se à oferta que Cristo fez de si mesmo ao Pai.

Viver o domingo

Proclamar: *Jo 20,1.19-20.26 – No primeiro dia da semana.*

O primeiro dia da semana, o da Ressurreição, logo no início do cristianismo, foi aquele em que os cristãos começaram a se encontrar para a celebração da ceia. Tornou-se o dia primordial, porque nele celebramos o Mistério Pascal de Cristo e da Igreja. Domingo vem da palavra latina *Dominus*, que quer dizer "Senhor". Portanto, é o dia do Senhor.

"Eu estarei sempre convosco, até o fim do mundo" (Mt 28,20). Essa promessa de Cristo continua a ser ouvida pela Igreja. Se o domingo é o dia da Ressurreição, ele não se reduz à recordação de um acontecimento passado: é a celebração da presença viva do Ressuscitado no meio de nós. É a Páscoa semanal, que recorda o memorial da presença do Senhor na comunidade. À reunião da assembleia dominical estão associadas a entrega do Espírito do Senhor, a alegria da Ressurreição, o otimismo da vitória sobre a morte, o testemunho nos sofrimentos, o anúncio do Senhor no mundo. "A Páscoa foi inaugurada: agora continua crescendo e desenvolvendo-se em e por nós, sempre com a presença misteriosa do Senhor, sobretudo no domingo [...]. Cada domingo é ao mesmo tempo memória da Páscoa inicial e profecia da Páscoa futura. Em cada domingo atualiza-se a primeira e antecipa-se já sacramentalmente a definitiva, enquanto a comunidade vai caminhando e amadurecendo até o descanso eterno."[1]

A assembleia dominical é lugar privilegiado de unidade: ali, celebra-se o sacramento da unidade, do povo reunido "pela" e "na" unidade do Pai, do Filho e do Espírito Santo. Um domingo sem assembleia eucarística não será um dia do Senhor. É o dia da Igreja por excelência. "A assembleia dominical vai-nos educando para uma consciência mais viva da Igreja, para um sentido mais profundo de pertença, para um compromisso de construção da comunidade, que não é uma realidade já conquistada, mas um processo de amadurecimento a partir da convocatória de Cristo e de animação do Espírito."[2]

A Eucaristia dominical nos reúne como a família dos filhos de Deus na casa do Pai, marca, no cristão, um estilo de vida pessoal e comunitário. Oferece-nos a ocasião de renovar a graça batismal e de cultivar as atitudes de otimismo, alegria e confiança na misericórdia do Pai. Ela nos dá o Espírito de santidade para vivermos numa relação de intensa comunhão e proximidade. Os cristãos são convocados pelo Senhor e por seu Espírito para alimentar e discernir sua vida diante da Palavra proclamada e do sacrifício de Cristo.

Vivência

O sacramento da Eucaristia suscita um modo de ser mais evangélico, oferece novos significados e valores, que fazem o crismando posicionar-se diferentemente diante de si e da sociedade. Problemas como a sexualidade, a fome, a distribuição das riquezas, a justiça social, a discriminação, a violência e a busca da paz

---

[1] Cf. ALDAZÁBAL, José. Domingo, dia do Senhor. In: BOROBIO, Dionisio (org.). *A celebração na Igreja*. São Paulo, Loyola, 1990. v. 3, pp. 67-91; aqui, p. 81.

[2] Ibid., p. 82.

encontram novas luzes no memorial sacramental do sacrifício do Senhor.[3] O que significa viver segundo o domingo? "O domingo é o dia em que o cristão reencontra a forma eucarística própria da sua existência, segundo a qual é chamado a viver constantemente: 'viver segundo o domingo' significa viver consciente da libertação trazida por Cristo e realizar a própria existência como oferta de si mesmo a Deus, para que a sua vitória se manifeste plenamente a todos os homens através de uma conduta intimamente renovada. No início do século IV, quando o culto cristão era ainda proibido pelas autoridades imperiais, alguns cristãos do Norte da África, que se sentiam obrigados a celebrar o dia do Senhor, desafiaram tal proibição. Foram martirizados enquanto declaravam que não lhes era possível viver sem a Eucaristia, alimento do Senhor: 'Sem o domingo, não podemos viver. Esses mártires de Abitinas, juntamente com muitos outros santos, fizeram da Eucaristia o centro da sua vida, intercedem por nós e nos ensinam a fidelidade ao encontro com Cristo ressuscitado!"[4]

Faça o levantamento da frequência dos crismandos à missa dominical e de quem participa da missa e da comunidade juntamente com os familiares. Destaque o sentido do domingo na vida do cristão como um dia especial de revigoramento espiritual no qual a Eucaristia ocupa o lugar central.

Oração

Recitar, em dois coros, o prefácio da missa com crianças:

Lado 1: *Deus nosso Pai, vós nos reunistes e aqui estamos todos juntos, para celebrar vossos louvores com o coração em festa.*

Lado 2: *Nós vos louvamos por todas as coisas bonitas que existem no mundo e também pela alegria que dais a todos nós.*

---

[3] Cf. LELO, Antonio Francisco. *A iniciação cristã*; catecumenato, dinâmica sacramental e testemunho. São Paulo, Paulinas, 2005. pp. 131-134.
[4] BENTO XVI. Exortação Apostólica pós-sinodal *Sacramentum Caritatis* – sobre a Eucaristia, fonte e ápice da vida e da missão da Igreja. São Paulo, Paulinas, 2007. nn. 72 e 95.

Lado 1: *Nós vos louvamos pela luz do dia e por vossa Palavra, que é nossa luz. Nós vos louvamos pela terra onde moram todas as pessoas. Obrigado pela vida que de vós recebemos.*

Lado 2: *Muito obrigado porque nos criastes, ó Deus. Querendo bem uns aos outros, viveremos no vosso amor. Vós nos dais a grande alegria de encontrar nossos amigos e conversar com eles. Podemos assim repartir com os outros as coisas bonitas que temos e as dificuldades que passamos.*

Lado 1: *Sois santos, ó Pai. Amais todas as pessoas do mundo e sois muito bom para nós. Pai, vós nos amais tanto que nos destes vosso Filho Jesus para que ele nos leve até vós. Ele veio ao mundo porque as pessoas se afastaram de vós e não se entendem mais.*

Lado 2: *Vós nos amais tanto que nos reunis em vosso Filho Jesus, como filhos e filhas da mesma família. Jesus nos abriu os olhos e os ouvidos para compreendermos que somos irmãos e irmãs da família em que sois o nosso Pai.*

Dirigente: *Rezemos juntos: Pai nosso...*

Celebração

Entrada no catecumenato

Objetivo

Celebrar a Deus, que acolhe o compromisso da comunidade, dos familiares e dos catequizandos de aprofundar e se comprometer com as bem-aventuranças de Cristo e viver a doação e a prática do bem comum.

A equipe deverá providenciar Bíblias e crucifixos para todos os participantes do catecumenato. Convém que o rito de abertura seja realizado após a homilia de uma celebração eucarística dominical, na presença das famílias e de toda a equipe de catequistas.[1]

Saudação e exortação

74. Quem preside saúda cordialmente os candidatos. Dirigindo-se a eles e a todos os presentes, expressa a alegria e a ação de graças da Igreja, e lembra aos introdutores e amigos a experiência pessoal e o senso religioso que levaram os candidatos, em seu itinerário espiritual, à celebração da etapa deste dia.

Diálogo

75. **Presidente:** *O que você pede à Igreja de Deus?*
Candidato: *Aprofundar a fé.*

---

[1] Cf. *RICA*, nn. 68-97. Os números laterais são os do *RICA*.

Presidente: *E esta fé, o que dará a você?*

Candidato: *A vida eterna.*

Quem preside pode também interrogar com outras palavras e admitir respostas espontâneas. Por exemplo, depois da primeira pergunta: *O que você pede? O que você deseja? Para que você veio?*, são permitidas as respostas: *A graça de Cristo*, ou *A admissão na Igreja*, ou *A vida eterna*, ou outras adequadas, às quais quem preside adaptará suas perguntas.

Primeira adesão

76. **Quem preside**, adaptando, se necessário, sua fala às respostas dos candidatos, dirige-lhes estas palavras ou outras semelhantes:

A vida eterna consiste em conhecermos o verdadeiro Deus e Jesus Cristo, que ele enviou. Ressuscitando dos mortos, Jesus foi constituído, por Deus, Senhor da vida e de todas as coisas, visíveis e invisíveis. Se vocês querem ser discípulos seus e membros da Igreja, é preciso que vocês sejam instruídos em toda a verdade revelada por ele; que aprendam a ter os mesmos sentimentos de Jesus Cristo e procurem viver segundo os preceitos do Evangelho; e, portanto, que vocês amem o Senhor Deus e o próximo como Cristo nos mandou fazer, dando-nos o exemplo. Cada um de vocês está de acordo com tudo isso?

Candidatos: *Estou.*

77. **Quem preside**, voltando-se para os introdutores e os fiéis, interroga-os com estas palavras ou outras semelhantes:

Vocês, introdutores, que nos apresentam agora estes candidatos, e vocês, nossos irmãos e irmãs aqui presentes, estão dispostos a ajudá-los a encontrar e seguir o Cristo?

Todos: *Estou.*

82. **Quem preside**, de mãos unidas, diz:

Pai de bondade, nós vos agradecemos por estes vossos servos e servas, que de muitos modos inspirastes e atraístes. Eles vos procura-

ram e responderam na presença desta santa assembleia ao chamado que hoje lhes dirigistes. Por isso, Senhor Deus, nós vos louvamos e bendizemos.

Todos respondem, dizendo ou cantando:

Bendito seja Deus para sempre.

Assinalação da fronte e dos sentidos

84. Se os candidatos forem numerosos, **quem preside** dirige-lhes estas palavras ou outras semelhantes:

Caríssimos candidatos, entrando em comunhão conosco vocês experimentarão nossa vida e nossa esperança em Cristo. Agora, para relembrar o Batismo, vou, com seus catequistas e introdutores, assinalar vocês com a cruz de Cristo. E a comunidade inteira cuidará de vocês com carinho e se empenhará em ajudá-los.

Quem preside faz o sinal da cruz sobre todos ao mesmo tempo (os catequistas ou os introdutores o fazem diretamente em cada um) e diz:

Receba na fronte o sinal da cruz; o próprio Cristo protege você com o sinal de seu amor. Aprenda a conhecê-lo e segui-lo.

85. Procede-se à assinalação dos sentidos (a juízo, porém, de quem preside, pode ser omitida parcial ou inteiramente).

As assinalações são feitas pelos catequistas ou pelos introdutores (em circunstâncias especiais, podem ser feitas por vários presbíteros ou diáconos). A fórmula é sempre dita por **quem preside**.

Ao assinalar os **ouvidos**:

Recebam nos ouvidos o sinal da cruz, para que vocês ouçam a voz do Senhor.

Ao assinalar os **olhos**:

Recebam nos olhos o sinal da cruz, para que vocês vejam a glória de Deus.

Ao assinalar a **boca**:

Recebam na boca o sinal da cruz, para que vocês respondam à Palavra de Deus.

Ao assinalar o **peito**:

Recebam no peito o sinal da cruz, para que Cristo habite pela fé em seus corações.

Ao assinalar os **ombros**:

Recebam nos ombros o sinal da cruz, para que vocês carreguem o jugo suave de Cristo.

Quem preside, sem tocar nos catecúmenos, faz o sinal da cruz sobre todos ao mesmo tempo, dizendo:

Eu marco vocês com o sinal da cruz: em nome do Pai e do Filho e do Espírito Santo, para que vocês tenham a vida eterna.

Os candidatos*: Amém.*

87. **Quem preside** diz:

Oremos. Deus todo-poderoso, que pela cruz e Ressurreição de vosso Filho destes a vida ao vosso povo, concedei que estes vossos servos e servas, marcados com o sinal da cruz, seguindo os passos de Cristo, conservem em sua vida a graça da vitória da cruz e a manifestem por palavras e gestos. Por Cristo, nosso Senhor.

Todos*: Amém.*

Entrega do crucifixo e do livro da Palavra de Deus

89 e 93. Podem-se dar crucifixos ou uma cruzinha para pôr no pescoço, em recordação da assinalação. **Quem preside** entrega, com dignidade e reverência, Bíblias, dizendo estas ou outras palavras:

Receba o livro da Palavra de Deus. Que ela seja luz para a sua vida.

Preces pelos catecúmenos e crismandos

94. A assembleia dos fiéis faz estas preces ou outras semelhantes.

Quem preside*: Oremos por nossos irmãos e irmãs. Eles já fizeram um percurso. Agradeçamos pela benevolência de Deus, que os conduziu a este dia, e peçamos que possam percorrer o grande caminho que ainda falta para participarem plenamente de nossa vida.*

Leitor*: Senhor, que a proclamação e escuta da vossa Palavra revele aos catecúmenos e crismandos Jesus Cristo, vosso Filho.*

Todos*: Senhor, atendei a nossa prece.*

Leitor*: Inspirai, Senhor, esses candidatos, para que, com generosidade e disponibilidade, acolham vossa vontade.*

Todos*: Senhor, atendei a nossa prece.*

Leitor*: Senhor, sustentai, com o auxílio sincero e constante dos catequistas e introdutores, a caminhada destes vossos servos.*

Todos*: Senhor, atendei a nossa prece.*

Leitor*: Fazei, Senhor, que a nossa comunidade unida na oração e na prática da caridade seja exemplo de vida para estes catecúmenos e crismandos.*

Todos*: Senhor, atendei a nossa prece.*

Leitor*: Senhor, tornai-nos sensíveis às necessidades e sofrimentos de nossos irmãos e irmãs, e inspirai-nos gestos de solidariedade.*

Todos*: Senhor, atendei a nossa prece.*

Leitor*: Senhor, iluminados por vossa Palavra e amparados pela comunidade, estes crismandos sejam considerados dignos da renovação do Espírito Santo.*

Todos*: Senhor, atendei a nossa prece.*

Oração conclusiva

98. Os catecúmenos e os crismandos se dirigem à frente e se ajoelham diante de **quem preside**. Este, com as mãos estendidas sobre os catecúmenos, reza a seguinte oração:

Oremos. Deus eterno e todo-poderoso, sois o Pai de todos e criastes o homem e a mulher à vossa imagem. Acolhei com amor estes nossos queridos irmãos e irmãs e concedei que eles, renovados pela força da palavra de Cristo, que ouviram nesta assembleia, cheguem pela vossa graça à plena conformidade com vosso Filho Jesus, que vive e reina para sempre.

Todos: *Amém.*

Após a celebração, pode-se fazer uma confraternização.

Unidade II
Catecumenato

6º encontro

Somos um grupo

OBJETIVO

Acolher calorosamente os integrantes do catecumenato, de forma que se sintam valorizados e individualizados no grupo.

REFLEXÃO

Observar os jovens, suas reações, sua maneira de pensar e as relações que estabelecem entre si. A dinâmica transcrita a seguir ajudará os participantes a contarem momentos importantes de sua história e a escutarem os dos colegas.

Proclamar: *1Pd 3,8-12 – Sede todos unânimes, compassivos, fraternos e misericordiosos.*

O ponto de partida do catecumenato é a experiência de vida, a amizade, a realidade social. Tudo isso estará incorporado à catequese não apenas como elemento pedagógico, mas sobretudo como parte integrante do conteúdo. A própria história do jovem e a história de seu bairro/região, cidade/vila, estado e país devem ser parte fundamental da catequese.

Para haver catecumenato, é preciso formar uma comunidade. O que a caracteriza são as relações que se criam entre seus membros. A história de vida de cada um constitui um tesouro precioso para as pessoas compreenderem-se. Nossa vida está em constante dependência e interdependência de outras pessoas.

Queremos ser uma comunidade de sentimentos sinceros, de amizade e de confiança entre irmãos. "Apesar das contradições da vida moderna, percebemos que o mais importante é o fato de estarmos unidos em busca de um objetivo comum que permita nosso reconhecimento pessoal e também o dos que nos são próximos."[1]

Somos seres únicos e não repetíveis que construímos uma trajetória de vida com capacidade de transformar as situações e "ressignificá-las", porque o Pai nos deu o Espírito de seu Filho para que tenhamos vida em plenitude (cf. Jo 10,10).

A história de cada um é um grande presente de Deus. E o grupo tem uma função de espelho: nele encontramos a verdadeira medida de nós mesmos. Sem os outros, estaria faltando um elemento essencial para percebermos o que realmente somos.

O jovem tem um forte sentimento comunitário; não gosta de ficar isolado. Precisa de segurança e procura o grupo para compartilhar suas experiências e sentimentos, para encontrar outros jovens que pensam e sonham como ele, jovens que falam a mesma linguagem. Nesse grupo, pode falar e ser ouvido, sem ser julgado.

O grupo é lugar privilegiado de evangelização e cria ambiente favorável para a reflexão, a oração e o compromisso. O grupo será o lugar onde cada um poderá dizer sua palavra e viver a amizade como valor fundamental. A experiência vivida em grupo faz com que todos sejam, de certa maneira, aprendizes e mestres. Uma catequese pautada nesses critérios será realizada "em grupo", e não "para o grupo".[2]

---

[1] ANDRADE, Márcia Campos. *Dinâmicas para a convivência humana*; o encanto de construir o encontro. São Paulo, Paulinas, 2006. p. 15 (Encanto jovem).

[2] GUERGUÉ, Jesus. *Jesus*; um projeto de vida. São Paulo, Paulinas, 1988. pp. 44-45.

Vivência

Dinâmica relatos da vida[3]

Primeiro passo: Com o grupo sentado em círculo, o facilitador/catequista solicita aos participantes que peguem uma folha de sulfite de qualquer cor. Em seguida, pede que façam desenhos com temas relativos à natureza (montanhas, rios, florestas etc.).

Segundo passo: O facilitador/catequista pede a todos que se lembrem de fatos importantes de sua vida, envolvendo alegrias, tristezas, decepções, conquistas, encontros, desencontros. (Nesse momento, para facilitar a concentração coletiva, pode-se pôr uma música instrumental de fundo.)

Terceiro passo: O facilitador/catequista pede aos participantes que escrevam sua data de nascimento no início do desenho. Em seguida, ao longo do desenho, eles traçarão uma linha do tempo com algumas lembranças marcantes de sua vida.

Quarto passo: O facilitador/catequista convida o grupo a apresentar sua história aos demais. Nesse momento, é importante que os fatos sejam relatados sem interrupções ou comentários da turma.

Quinto passo: Novamente em círculo, o facilitador/catequista convida os participantes a compartilhar seus sentimentos, reflexões e impressões sobre a atividade.

Nessa atividade, é importante que seja estimulada a criatividade do grupo, sem pressionar os participantes a falar.[4] Se o facilitador/catequista julgar oportuno, pode-se continuar a conversa destacando o valor de se criarem laços de amizade na vida e no grupo catecumenal. Será muito proveitoso fazer um levantamento das atitudes próprias de ser amigo(a).

---

[3] Preparar o material com antecedência. Se o grupo for numeroso, realizar a dinâmica em grupos menores de 10 a 15 jovens.
[4] Cf. ANDRADE, *Dinâmicas para a convivência humana*, cit., pp. 16-17.

Oração

Dirigente: *O primeiro passo para celebrarmos bem é nos reconhecermos como pessoas, amigos e irmãos. Somos filhos de Deus, unidos pelo Espírito Santo em um só coração! Sempre que nos reunimos para rezar, formamos o Corpo de Cristo. O amor de Cristo em nós nos faz superarmos as divisões da nossa comunidade. Portanto, quanto mais somos irmãos de fato, pela força do Espírito Santo, mais somos Corpo de Cristo. Não é por menos que a Eucaristia é o sacramento de unidade do Corpo de Cristo.*

Leitor 1: *"Quem busca amizade encobre as faltas; quem volta a elas, separa os amigos" (Pr 17,9).*

Dirigente: *Jesus nos convida para sermos seus amigos! Assim como no seu tempo formou um grupo de apóstolos e de discípulos, hoje ele nos chama para que sigamos seu caminho em comunidade.*

Leitor 1: *"Ninguém tem maior amor do que aquele que dá a vida por seus amigos. Vós sois meus amigos, se fizerdes o que eu vos mando. Já não vos chamo servos, porque o servo não sabe o que faz o seu Senhor. Eu vos chamo amigos, porque vos dei a conhecer tudo o que ouvi de meu Pai" (Jo 15,13-15).*

Dirigente: *Rezemos juntos: Pai nosso...*

Cadê todo mundo?

"A vida tem fases. Da infância à fase adulta, passamos por estágios, crescemos e alcançamos a maturidade. Através desse caminho, encontramos diversas pessoas que chegam e depois desaparecem como chegaram: de repente.

Onde estão seus amigos da infância? Aqueles pequenos e inocentes travessos e travessas que brincavam com você, seu primeiro círculo de amizades fora da família. Vários deles devem ter chegado à primeira série com você. Ali, junto com outras crianças vindas de outras escolas, você desenvolveu mais um círculo de amizades, que provavelmente estudou com você até a quarta série. Em quatro anos você aprendeu a reconhecer em quem podia confiar e quem não merecia tanta confiança assim. Aprendeu que existem gostos diferentes, vontades diversas.

Ao passar para a quinta série, alguns amigos daquele círculo anterior podem ter ido embora. Outras escolas, outras cidades e, até mesmo, outros estados. Você sente a perda, mas fazer o quê!? Prosseguir com a vida e com os estudos. A fase daqueles amigos passou. Quem sabe alguns anos adiante eles serão encontrados novamente. Os anos passam e, ao chegar à oitava série, você descobre que muitos são amigos e outros nada têm em comum com você. E descobre também que mesmo entre os mais próximos você ainda consegue separar joio de trigo. Há amigos de verdade e amigos por interesse. Acaba o ensino fundamental e fecha-se mais um ciclo de amizades. Quem seguir adiante, estudando com você, passará por novas transformações e talvez, ao chegar ao final do ensino médio, você tenha deixado de lado algumas pessoas e incluído outras em seu círculo de amizade. É normal. A fase dos amigos do "colégio" terá passado e outra fase será iniciada.

Vestibular e faculdade. Ali, poucos de seus amigos do ensino fundamental e do ensino médio estarão presentes. Eles ficaram para trás. Cadê todo mundo? Cada um seguiu seu caminho. Mas todos eles influenciaram na estruturação de seu caráter e de sua personalidade.

Na faculdade, novos círculos de amizade serão formados. Mais competitivos, agressivos e extremamente duros no trato, se comparados com os amigos que deixamos para trás. Ali, aprendemos que precisamos confiar desconfiando, ajudar sem envolver-se em demasia e cobrar o que se acredita ser direito, pois a sociedade exige esse treinamento. É um filtro que reduzirá o círculo de amizades.

Paralelamente a todas essas fases, temos alguns amigos pessoais que vêm da família e da nossa vizinhança. Pessoas que, na dura época da faculdade, tomam uma grande importância, pois diante da dureza do mundo é sempre bom ter pessoas que gostam de nós de forma desinteressada.

Há também as pessoas com quem trabalhamos, que atualmente não consideramos muito como amigos, mas sim como 'colegas'. Pessoas que conosco formam um time, um grupo que persegue a meta da empresa. A tensão do convívio é sempre muito maior que o possível prazer da companhia. Fala-se mais dos defeitos do que das qualidades. Mas é um grupo importante.

E, de repente, nos sentimos sozinhos. Com tanta gente ao nosso redor, sentimos que falta algo. É geralmente o apelo pela busca da pessoa que seja a nossa outra 'metade'. Quando a encontramos, desenvolvemos com ela o mais íntimo círculo de amizade. É alguém em quem podemos confiar e formar uma união de profundo comprometimento. Chegamos ao ponto de amar esse amigo ou essa amiga de tal forma que nos casamos. Assim, mais um círculo é estabelecido em nossa vida.

Enfim, cadê todo mundo? Onde foram parar as pessoas que compartilharam fases de nossa vida? Onde ficam escondidos quando mudamos de etapa? Será que conseguimos identificar a colaboração que cada um nos dá durante sua permanência conosco?

Por isso é importante valorizar os amigos em cada momento da vida. Desde os da pré-escola, quando ainda nem sabemos quem eles são, até os amigos do trabalho. Cada um tem o seu valor. Não é possível viver, por exemplo, a grande amizade do casamento valorizando mais os amigos do futebol ou as amigas de longa data. Não é possível cultivar os amigos pessoais valorizando mais os amigos do trabalho.

Os amigos não desaparecem; apenas tomam, na vida, rumos diferentes dos nossos. Se negligenciamos, portanto, o valor que cada pessoa tem em nossa vida, talvez eles desapareçam para sempre."[5]

---

[5] KAWAHALA, André Luís; KAWAHALA, Rita Massarico. *Encontros para novos casais*. Livro do agente. São Paulo, Paulinas, 2008, pp. 127-129.

7º encontro

O Reino de Deus já chegou

Objetivo

Reconhecer nos gestos e palavras de Jesus sinais da chegada do Reino de Deus, a fim de motivar a mudança de tudo aquilo que não corresponde à vontade do Pai.

Reflexão

Proclamar: *Mt 13,3-9.18-23 – A todo aquele que ouve a Palavra do Reino e não a entende, vem o Maligno e arrebata o que foi semeado.*

A chegada do Reino acontece com a entrada do Filho de Deus na história. No Evangelho de Marcos, o Reino é inaugurado como Boa-Nova proclamada por Jesus Cristo. "Depois que João foi preso, veio Jesus para a Galileia proclamando o Evangelho de Deus: 'Cumpriu-se o tempo e o Reino de Deus está próximo. Arrependei-vos e crede no Evangelho'" (Mc 1,14-15).

Jesus Cristo é colocado na sequência da missão de João Batista, profeta da passagem do Primeiro para o Segundo Testamento. Mas há uma novidade radical que se denomina "Evangelho" (de Deus e sobre Deus): é o Reino. Jesus Cristo, por meio de sua palavra, realiza o Reino porque sua pessoa é a própria Palavra eterna do Pai entre nós (cf. Jo 1,1). Essa Palavra, agora encarnada na história na pessoa de Jesus Cristo, é o meio concreto da chegada do Reino.

A proclamação do Evangelho, cujo conteúdo é o Reino, acontece como cumprimento do tempo de Deus no tempo da história. A eternidade de Deus se realiza no aqui e agora de nossa história.

O Reino, colocado ao alcance do ser humano por meio de Jesus Cristo, implica "arrependimento" ou "conversão", que nesse contexto significa mudança pessoal e comunitária de tudo que não combina com sua proposta. É a retomada da construção da vida pessoal e social no horizonte do Reino. E a mudança significa adesão e compromisso com o novo que irrompe com a proclamação do Evangelho de Deus. "Todos os homens são chamados a entrar no Reino. Para ter acesso a ele, é preciso acolher a palavra de Jesus."[1]

Em Mateus, a irrupção do Reino de Deus acontece com Jesus. Ele percorre toda a Galileia "ensinando em suas sinagogas, pregando o Evangelho do Reino e curando toda e qualquer doença ou enfermidade do povo" (4,23). Jesus, o Mestre por excelência do Reino, prega não com um ensinamento teórico, mas com a vida. Seu ensinamento promove a vida à medida que promove a dignidade das pessoas.

Em Lucas, a chegada do Reino de Deus acontece na mediação dos gestos e palavras de Jesus Cristo: "Os cegos recuperam a vista, os coxos andam, os leprosos são purificados, os surdos ouvem, os mortos ressuscitam e aos pobres é anunciado o Evangelho" (7,22; cf. também 8,1; 12,31.32). Os gestos de Jesus são proféticos por indicarem a necessidade da mudança de tudo aquilo que não corresponde ao desígnio do Pai. Gestos e palavras de Jesus são inseparáveis para perceber a chegada do Reino.

Como os gestos de Jesus Cristo tornam presentes o Reino na vida do ser humano? Promovendo a dignidade de cada pessoa, libertando-as de tudo aquilo que diminui sua vida. As pessoas doentes eram tidas como amaldiçoadas por Deus por causa de

---

[1] Cf. *Catecismo da Igreja Católica*, n. 543; cf. também os nn. 541-556.

seu pecado; os pobres também eram vistos como pessoas privadas da graça de Deus. Ambos, doentes e pobres, eram colocados à margem da sociedade. A chegada do Reino de Deus supera todo tipo de exclusão. Os pobres passam a ser vistos como os preferidos de Deus.

Vivência

Acolher o Reino de Deus implica um renascimento, uma redescoberta de que a vida é graça, dom de Deus. Renascer para o Reino significa redirecionar a vida para sua novidade. É no fundo fazer com que a vida diária seja expressão de compromisso com o novo trazido por Jesus. Quem não for capaz de dar esse passo ficará retido pelas garras da morte. Não uma morte em sentido físico. A morte aqui significa não querer comungar da vida que vem do alto.

Motive no grupo gestos concretos que expressem a acolhida do Reino de Deus entre nós.

Oração

Em grupo, cada um lê silenciosamente o texto:

Liturgia da Palavra

Cada celebração litúrgica é uma manifestação parcial do Reino. Antecipa a plenitude que se dá na eternidade e que celebra a Igreja gloriosa: a Virgem Maria, os apóstolos, os santos e os fiéis falecidos. A celebração da Palavra recorda Jesus, que percorria toda a Galileia proclamando, anunciando, pregando e ensinando o Evangelho, ou seja, o Reino.

A leitura cristã da Escritura faz o povo sentir-se continuador da história da salvação. Ela permite que a pessoa, hoje, se sinta parte dessa história e que considere Abraão, Isaac, Jacó e Moisés como seus antepassados na fé. A partir desse sentimento, cada um se descobre capaz de ler em sua própria história de vida e nos acontecimentos atuais as mensagens que Deus constantemente envia à comunidade.

O mistério da salvação, que a Palavra de Deus não cessa de recordar e prolongar, alcança seu mais pleno significado na ação litúrgica. Assim, a Palavra de Deus é sempre viva pelo poder do Espírito Santo e manifesta o amor ativo do Pai. A Palavra nunca deixa de ser eficaz. Ela contém, realiza e manifesta a aliança que Deus firmou com seu povo.

A liturgia da Palavra dominical consta de uma primeira leitura geralmente extraída do Primeiro Testamento. Essa leitura anunciará ou fará referência ao pleno ensinamento ou realização de Cristo proclamado no Evangelho.

O salmo responsorial (de resposta) é a voz da Igreja que suplica, agradece e louva porque tudo que ela recebe vem do Senhor. O salmo retoma o mesmo tema da primeira leitura, de forma orante e como resposta de fé.

O Evangelho realiza o que foi, de alguma forma, vivido pelo povo de Deus no Primeiro Testamento. Note-se que nos domingos do chamado Tempo Comum, isto é, aqueles domingos fora do ciclo do Advento-Natal e Quaresma-Páscoa, a leitura do Evangelho é continuada, seguindo sempre o mesmo evangelista. Assim, nos domingos do Ano A, Mateus; Ano B, Marcos; e Ano C, Lucas.

A segunda leitura, do Segundo Testamento, segue uma carta ou escrito, de maneira semicontínua, por isso os temas não precisam necessariamente coincidir.

A homilia é o discernimento da vida da comunidade à luz da Palavra. Somos servidores da Palavra. Queremos fazer tudo o que o Senhor nos disser. Essa Palavra irá nos julgar no fim dos tempos, como uma faca de dois gumes que penetra junturas e ligaduras e põe às claras a mentira do mundo e nossas falsidades (cf. Hb 4,12).

A comunidade, então, professa sua fé (Credo) e eleva seus pedidos (preces) ao Senhor como resposta e assentimento à Palavra recebida.

Retomar a liturgia da Palavra dominical e reconhecer nela os elementos assinalados no texto, especialmente a ligação da 1ª leitura com o salmo de resposta e com o Evangelho.

8º encontro
O nascer para o Reino

OBJETIVO

Conhecer a prática da vida nova trazida por Cristo, a fim de renascer para a vida que o Espírito anima na acolhida do Reino.

REFLEXÃO

Proclamar: *Jo 3,1-21 – É preciso nascer de novo para entrar no Reino dos Céus.*

A gratuidade absoluta e total do Reino de Deus identificado com um processo que liberta o ser humano de todas as situações de morte é a forma preferida pelo Evangelho de João. "Quem não nascer do alto não pode ver o Reino de Deus [...]. Quem não nascer da água e do Espírito não pode entrar no Reino de Deus" (Jo 3,3.5).

O nascimento do alto, ou seja, a vida nova que procede de Deus, é colocado como condição para "ver" o Reino de Deus. Isso implica um renascimento, uma redescoberta de que a vida é graça, dom de Deus. Renascer para o Reino significa redirecionar a vida rumo à novidade inaugurada por Cristo, é fazer com que a vida seja expressão de compromisso com o Reino.

Quem não for capaz de dar esse passo ficará retido pelas garras da morte. Esta, para João, significa menos a morte física e mais a não comunhão com a vida que vem do alto. Por isso, faz-se necessário "nascer da água", vale dizer, deixar que a água de Deus irrigue a vida, permitindo-nos perceber a chegada do Reino. Na Bíblia, a água está vinculada ao Espírito. Se a pessoa quer entrar na dinâmica do Reino, o Espírito Santo a conduz para uma vida nova, um novo nascimento, uma vida de comunhão com o mistério de Deus e com o mistério humano. Contrariamente, quem não for capaz de beber da água do Espírito Santo não poderá entrar no Reino de Deus. Assim, a experiência da presença do Reino está sintonizada com a experiência da ação do Espírito Santo. E vice-versa, a ação do Espírito Santo conduz à experiência da chegada do Reino trazido por Jesus Cristo.

A reflexão dos textos do Segundo Testamento sobre a chegada do Reino de Deus aponta para seu conteúdo de anúncio e instauração, no coração da história e do mundo, de um projeto de vida nova para o ser humano. "O Reino pertence aos pobres e aos pequenos, isto é, aos que o acolheram com um coração humilde. Jesus é enviado para *evangelizar os pobres* (Lc 4,18). Declara-os bem-aventurados, pois *o Reino dos Céus é deles* (Mt 5,3); foi aos 'pequenos' que o Pai se dignou revelar o que permanece escondido aos sábios e aos entendidos. Jesus compartilha a vida dos pobres desde a manjedoura até a cruz; conhece a fome, a sede e a indigência. Mais ainda: identifica-se com os pobres de todos os tipos e faz do amor ativo para com eles a condição para entrar em seu Reino. Jesus convida os pecadores à mesa do Reino: *Não vim chamar justos, mas pecadores* (Mc 2,17). Convida-os à conversão, sem a qual não se pode entrar no Reino, mas mostrando-lhes, com palavras e atos, a misericórdia sem limites do Pai por eles e a imensa *alegria no céu por um único pecador que se arrepende* (Lc 15,7). A prova suprema desse amor é o sacrifício de sua própria vida *em remissão dos pecados* (Mt 26,28)."[1]

O anúncio do Reino de Deus proclamado por Jesus Cristo vai acompanhado pela ação de instaurá-lo na história, no mundo:

---

[1] *Catecismo da Igreja Católica*, nn. 544 e 545.

- As palavras e os gestos proféticos de Jesus Cristo foram ao encontro das estruturas religioso-culturais para humanizá-las, isto é, recolocá-las a serviço da dignidade do ser humano.

- A implantação do Reino feita por Jesus acabou gerando conflito.

- O conflito entre o Reino de Deus (misericórdia, justiça, fraternidade, perdão, reconciliação, amor incondicional) e as situações de injustiça da sociedade conduziram à morte de Jesus.

- Seus seguidores, inspirados pela vida de Jesus e animados pelo Espírito Santo, dão continuidade ao projeto de instaurar o Reino de Deus aqui na terra.

Vivência

A chegada do Reino de Deus nos desperta para o que em nós deverá ser mudado como condição inicial de compromisso com a dinâmica do Reino. Isso implica uma progressiva tomada de consciência dos valores de Jesus Cristo: justiça, paz, misericórdia, fraternidade, esperança, amor. Diante de uma sociedade materialista e consumista, na qual o mercado, em nome do lucro, causa grandes desigualdades sociais, a proposta do Reino continua atual e urgente.

Em conformidade com a programação do grupo, é conveniente que algumas duplas apresentem suas observações sobre o estágio pastoral realizado na comunidade.

Oração

Comentarista: *O Reino de Deus passa pela nossa condição de filhos e filhas adotivos que recebemos por Jesus Cristo e nos conduz à experiência orante do rosto de Deus. Como Pai de todos sem* *distinção, ele nos convoca a construir um mundo mais fraterno, no qual sejamos reconhecidos como irmãos e irmãs.*

Sl 131

Todos: *Senhor, meu coração não se orgulha
e meu olhar não é soberbo; não ando atrás de coisas grandes,
superiores às minhas forças. Antes, me acalmo e tranquilizo,
como criança desmamada no colo da mãe, como criança
desmamada é minha alma. Israel, espere no Senhor
desde agora e para sempre.*

    Fazer um momento de silêncio.

Comentarista: *No Reino de Deus, da maneira como Jesus o anuncia e instaura, existem três tipos de privilegiados: os pobres, as crianças e os pecadores. Não entrará no Reino de Deus aquele que não se fizer pobre e comportar-se como uma criança. Não é preciso que nos tornemos pecadores, porque já o somos: basta reconhecer este fato. Mas temos de nos tornar pobres e crianças.*

9º encontro

Chamou discípulos e apóstolos

Objetivo

Refletir sobre a decisão de Jesus Cristo de formar uma comunidade de discípulos e apóstolos e sobre como isso pode nos inspirar a criar vínculos de comunhão fraternal, a fim de melhor realizarmos o Reino de Deus.

Reflexão

Proclamar: *Mc 3,13-19 – Chamou os que ele quis para que ficassem com ele e os enviasse a anunciar a Boa-Nova.*

A ação missionária de Jesus, já no seu início, esteve sempre marcada pela força mediadora da comunidade constituída por discípulos e apóstolos. É bastante clara no Segundo Testamento a autoridade pessoal de Jesus Cristo de chamar em nome próprio seguidores para anunciar e instaurar o Reino de Deus. Na Bíblia não se tem notícia de que algum enviado de Deus tenha chamado seguidores por autoridade própria; o apelo era sempre de Deus. Ao chamar, Jesus se identifica com o próprio Deus e com sua autoridade.

O texto de Marcos expressa com toda a força a autoridade de Jesus Cristo em chamar os seus discípulos e apóstolos. "Chamou a si os que ele queria" (Mc 3,13), ou seja, ele mesmo e sua autoridade são o critério e a referência que dão sentido e determinam tal chamamento. E os que foram chamados se reuniram em torno dele para iniciar um caminho comunitário. O grupo dos Doze recorda as doze tribos que compunham o povo de Israel, uma totalidade em sua ação salvífico-libertadora. Por meio de Jesus e dos Doze, a salvação libertadora de Deus é oferecida como dom gratuito à totalidade do povo de Deus, agora configurado como novo povo ou novo Israel. Essa novidade, Boa-Nova, sobre a salvação se cumprirá como nova aliança selada em sua entrega pascal.

A constituição da comunidade dos Doze centralizada na pessoa de Jesus exige que o discípulo ou seguidor percorra um caminho de identificação com o Mestre e de aprendizagem de seu projeto. Em Mc 8,29 aparece a pergunta principal para o seguidor de Jesus Cristo: *"E vós, quem dizeis que eu sou?"*. Ela é feita por Jesus em um contexto de viagem ou caminho de missão. Por isso, tanto a pergunta como a resposta (*"Tu és o Messias"*) só podem ser entendidas no contexto da viagem e do caminho percorrido com ele. A resposta de que Jesus é o Cristo, ou seja, o Messias, toca sua identidade; ele é o ungido, consagrado e enviado por Deus para a missão salvífico-libertadora. Pergunta e resposta não são inquietações teóricas, mas sim algo comprometedor e prático que deve ser assumido no horizonte da fé em Jesus Cristo e de sua prática.

Para identificar-se com Jesus Cristo, o seguidor precisa realizar o projeto de Deus-Pai: "Buscai, em primeiro lugar, o Reino de Deus e a sua justiça, e todas as coisas vos serão acrescentadas" (Mt 6,33). Ou seja, a busca pelo Reino de Deus faz com que tudo dependa dele.

O texto de Mc 3,13-19 traça uma relação entre ser discípulo e ser apóstolo. Ser discípulo implica ser um constante seguidor e aprendiz de quem é Jesus Cristo e qual é o seu projeto. Ser apóstolo implica ser enviado por ele. A própria palavra "apóstolo" significa ser enviado para cumprir uma missão a serviço do Reino. Os Doze são enviados a pregar ou anunciar o Reino com um tipo de autoridade recebida do próprio Jesus Cristo, a qual é inseparável do serviço; é uma autoridade a serviço do Reino de Deus. Servir o Reino significa buscar o bem de forma incondicional e banir o mal.

Vivência

"No seguimento de Jesus Cristo, aprendemos e praticamos as bem-aventuranças do Reino, o estilo de vida do próprio Jesus: seu amor e obediência filial ao Pai, sua compaixão entranhável face à dor humana, sua proximidade aos pobres e aos pequenos, sua fidelidade à missão encomendada, seu amor serviçal até a doação de sua vida."[1]

Nesta semana, motive a reflexão com as seguintes perguntas ou semelhantes: Para que Deus me chama? O que ele me indica como missão neste mundo? Com certeza, ele não nos chama para sermos mais ricos e capitalistas, e sim para sermos mais responsáveis com a vida e para nos dedicarmos mais generosamente em favor do próximo.

Oração[2]

RICA 119: O sacerdote ou o catequista do encontro estende as mãos em direção aos candidatos, os quais se colocam de joelhos. Ao terminar, os catequizandos aproximam-se do sacerdote ou do catequista. Este impõe as mãos sobre cada um e em seguida diz a oração:

Oremos. Senhor Deus todo-poderoso, olhai os vossos servos e servas que são formados segundo o Evangelho de Cristo: fazei que vos conheçam e amem e, generosos e prontos, cumpram a vossa vontade. Dignai-vos prepará-los por esta santa iniciação e tornai--os membros ativos da vossa Igreja para que participem dos vossos mistérios neste mundo e na eternidade. Por Cristo, nosso Senhor.

Todos: *Amém.*

---

[1] CELAM. *Documento de Aparecida*; texto conclusivo da V Conferência Geral do Episcopado Latino-Americano e do Caribe. São Paulo, Paulinas, 2007. n. 139.
[2] RICA (*Ritual de Iniciação Cristã dos Adultos*), n. 123.

10º encontro

Jesus ensinava por parábolas

OBJETIVO

Perceber a ligação profunda entre a pessoa de Jesus Cristo, o Reino de Deus e o ensinamento em parábolas, a fim de assimilar sempre mais a mensagem do Evangelho.

REFLEXÃO

Proclamar: *Mt 22,1-14 – O banquete de núpcias.*

 Jesus fala de uma festa de casamento (também Lucas 14,15-24), que um Rei preparou para o seu filho. Muitos foram os convidados, mas ninguém teve tempo, pois cada um estava voltado para os seus escusos interesses pessoais. (Esses tais senhores de destaque, primeiramente convidados, foram os judeus, mormente os chefes dos sacerdotes e os anciãos, que recusaram o convite.) Então aqueles que receberam o convite eram os que se encontravam nas "encruzilhadas da vida", isto é, os pagãos empobrecidos espiritualmente, fossem eles bons ou maus, porque para Deus não há acepção de pessoas. Todos, portanto, estão convidados.
 A única condição essencial para desfrutar da festa do banquete é a disponibilidade para a abertura da aliança com o Deus da vida, que chama para a conversão e novos laços amorosos com Ele. O importante é que os que querem entrar na grande sala

da alegria divina tenham a roupa especial, o traje nupcial da fé, da justiça e do amor, a "veste de linho puro e brilhante, que são as obras puras dos santos" (Ap 19,8).

Compreende-se, portanto, o valor e a necessidade da "veste nupcial", evocada por Jesus. Sem a mudança do traje, isto é, sem a conversão do coração, afastando-se dos hábitos passados, sem uma nova personalidade, não se pode participar do banquete da comunhão com Deus. O Evangelho não é um remendo novo costurado em roupa velha, mas uma absoluta novidade de "hábito" e de vida (cf. Mc 2,21). Nessa parábola, Jesus é o noivo que, ao desposar a humanidade, sela uma ligação definitiva entre ela e Deus.

Jesus não era uma pessoa estudada (cf. Jo 7,15). Não tinha frequentado a escola superior de Jerusalém. Vinha do interior, da roça, de Nazaré. Era um desconhecido, meio camponês, meio artesão. Sem pedir licença às autoridades religiosas, começou a ensinar o povo. O povo gostava de ouvi-lo. Jesus tinha um jeito bem popular de ensinar por meio de parábolas. Uma parábola é uma comparação que usa as coisas conhecidas e visíveis da vida para explicar as coisas invisíveis e desconhecidas do Reino de Deus. Jesus tinha uma capacidade muito grande de encontrar imagens bem simples para comparar as coisas de Deus com as coisas da vida que o povo conhecia e experimentava na sua luta diária pela sobrevivência. Isto supõe duas coisas: estar por dentro das coisas da vida, e estar por dentro das coisas de Deus, do Reino de Deus.

Vamos ter presente que o modo de Jesus pensar é muito diferente da lógica do mundo ao seu redor. As parábolas mostram o novo jeito de ser daquele que aceitou seguir Jesus.

Quando terminava de contar uma parábola, Jesus não a explicava, mas costumava dizer: "Quem tem ouvidos para ouvir ouça!". O que significava: "É isso! Vocês ouviram. Agora, tratem de entender!". De vez em quando, ele explicava para os discípulos. O povo gostava desse jeito de ensinar, porque Jesus acreditava na capacidade das pessoas de descobrir o sentido das parábolas. A experiência que o povo tinha da vida era para ele um meio para descobrir a presença do mistério de Deus em suas vidas e criar coragem para não desanimar na caminhada.

É nosso papel descobrir o que está subentendido nas parábolas. Entretanto, Jesus revela o sentido delas somente aos que têm fé. É importante compararmos as situações de nossa vida com a maneira que Cristo nos ensina a viver, assim como fazermos uma analogia dos elementos utilizados nas parábolas com o que Jesus quis dizer. Por exemplo: semente de mostarda refere-se ao Reino; joio, às más ações; trigo, às boas ações.

O gênero das parábolas utiliza os símbolos, as metáforas e as imagens para ensinar o sentido do Reino de Deus. Jesus Cristo utiliza uma linguagem que relaciona elementos e fatos da realidade humana para explicar a dinâmica do Reino. Conta uma história para transmitir o que Deus quer sugerir que seja construído no coração do mundo. As parábolas também comunicam o jeito próprio de Jesus Cristo de se fazer presente na vida do povo. As parábolas tocam os relacionamentos humanos, os quais devem ser direcionados segundo a vontade de Deus-Pai (por exemplo, a Parábola do Filho Pródigo, em Lucas 15,11-32, cujo título poderia ser perfeitamente "Parábola do Pai Misericordioso"). As parábolas ensinam a respeito do Reino, como também o Reino dá sentido e significado às parábolas.

"Jesus convida a entrar no Reino por meio das parábolas, traço típico de seu ensinamento. Por elas, convida ao festim do Reino, mas exige também uma opção radical: para adquirir o Reino é preciso dar tudo; as palavras não bastam, são necessários atos. As parábolas são como espelhos para o homem: este acolhe a palavra como um solo duro ou como uma terra boa? Que faz ele dos talentos recebidos? Jesus e a presença do Reino neste mundo estão secretamente no coração das parábolas. É preciso entrar no Reino, isto é, tornar-se discípulos de Cristo para *conhecer os mistérios do Reino dos Céus* (Mt 13,11). Para os que ficam *de fora* (Mc 4,11), tudo permanece enigmático."[1]

---

[1] *Catecismo da Igreja Católica*, n. 546.

Vivência

As parábolas falam dos relacionamentos humanos, os quais devem ser orientados segundo o horizonte de Deus, a mensagem de Jesus Cristo, o projeto do Reino. Por meio das parábolas, Jesus Cristo ensina o desdobramento necessário que o amor a Deus deve ter no amor ao próximo. Recupera de forma radical o valor indispensável da dignidade de cada pessoa. Todas as pessoas são amadas por Deus, mas os seus preferidos são os pobres, enfermos, estrangeiros, órfãos, viúvas ou todas as pessoas que integram o grupo dos empobrecidos-excluídos (cf. Mt 11,4-5.25-27; 25,31-46; Lc 4,18-19; 6,20-26).

Motive no grupo a leitura e a meditação das três parábolas do evangelho; depois tente atualizá-las para o tempo e a sociedade em que vivemos.

Oração[2]

RICA 119: O sacerdote ou o catequista estende as mãos em direção aos candidatos, os quais se colocam de joelhos. Ao terminar, os catequizandos aproximam-se do **sacerdote ou do catequista**. Este impõe as mãos sobre cada candidato e em seguida reza:

Oremos. Senhor Deus onipotente, criastes o ser humano à vossa imagem e semelhança, em santidade e justiça, e quando ele se tornou pecador, não o abandonastes, mas pela encarnação de vosso Filho lhe providenciastes a salvação. Salvai estes vossos servos e servas, livrai-os de todo mal e da servidão do inimigo e deles expulsai o espírito de mentira, cobiça e maldade. Recebei-os em vosso Reino e abri seus corações à compreensão do vosso Evangelho para que sejam filhos da luz, deem testemunho da verdade e pratiquem a caridade segundo os vossos mandamentos. Por Cristo, nosso Senhor.

Todos: *Amém.*

Para o 11º encontro, trazer alimentos não perecíveis.

---

[2] No final do encontro, o grupo coloca-se em atitude de oração. Recomenda-se cantar ao Espírito Santo. *RICA*, n. 115.

11º encontro

A última ceia

Objetivo

Ajudar os crismandos a associarem o sacramento da Eucaristia com o sacrifício de Cristo, a fim de que possam ofertar a vida na celebração do sacramento.

Reflexão

Para esse encontro, pedir aos crismandos que tragam alimentos não perecíveis.

Proclamar: *Jo 13,1; 15,9-17 – Ninguém tem maior amor do que aquele que dá a vida por seus amigos.*

Na última ceia Jesus instituiu a Eucaristia como o sacramento que expressa o significado de sua entrega como cumprimento do Reino de Deus. Essa entrega passa pela crucifixão e realiza o que fora indicado sacramentalmente na última ceia. Portanto, a Eucaristia instituída e celebrada é inseparável do sacrifício da cruz.

A Eucaristia é o sacramento da entrega de Jesus na cruz. Sua entrega consciente àqueles que podiam matá-lo significou o enfrentamento do mal deste mundo pelo Filho de Deus. Jesus combate o mal pela raiz e ensina-nos que o amor deve ser levado às últimas consequências.

Durante a Páscoa daquele ano, Jesus celebra a sua Páscoa como um acontecimento histórico que comunica a ação salvadora e libertadora de Deus. A primeira Páscoa ganha sentido a partir da experiência do "êxodo", uma palavra que significa "saída" e se refere à libertação da escravidão egípcia em busca da liberdade. Toda a experiência religiosa feita pelo povo israelita e registrada por escrito no Primeiro Testamento tem como fundamento o acontecimento histórico do êxodo. Dentre os textos bíblicos que falam do êxodo, indicamos dois: Ex 3,7-11 e Dt 26,1-11. No êxodo Deus vai ao encontro da escravidão de um povo para libertá-lo; essa ação divina acontece na história, isto é, em um tempo e espaço geográfico determinados. Esse acontecimento inaugura e fundamenta a religião do Primeiro Testamento. O êxodo é a Páscoa propriamente dita, e a Páscoa é também o êxodo.

Jesus entende sua morte como Páscoa. Com seus braços abertos na cruz, produz o novo êxodo dos filhos deste mundo à casa do Pai. Ao celebrar pela última vez a Páscoa com seus apóstolos, Jesus institui o memorial de sua Páscoa (paixão-morte-Ressurreição).

A última ceia indica o momento no qual Jesus Cristo instituiu a Eucaristia como o sacramento por excelência que expressa e traduz o significado de sua entrega como cumprimento do projeto do Reino de Deus. Na última ceia há uma antecipação celebrativa, sacramental, do sacrifício de expiação do pecado que acontece na cruz. A Eucaristia tem um significado sacrificial; nela o sacrifício do Filho-Irmão acontecido na cruz permanece como memória viva no coração da comunidade.

Em todos esses relatos sobre a instituição da Eucaristia ou última ceia aparece a notícia de que Jesus Cristo seria entregue para sofrer, ser crucificado e morto na cruz. "Quando estavam à mesa, comendo, Jesus disse: 'Em verdade vos digo: um de vós que come comigo há de me entregar. Mas ai daquele homem por quem o Filho do Homem for entregue!'" (Mc 14,18.21). Por isso a cruz passa a ser o sinal cristão da entrega de Jesus Cristo, e a celebração da Eucaristia tem um sentido sacrificial, porque reatualiza o momento da cruz como um compromisso que o cristão vai assumindo ao longo de sua caminhada. A última ceia celebrada pela Igreja, agora como Eucaristia, deixada por Jesus

Cristo, é o sacrifício sacramental que tem como conteúdo uma ação de graças a Deus-Pai, uma memória viva que torna presente o sacrifício do Filho-Irmão, sendo assim a reatualização de sua própria presença sacramental na vida da comunidade de fé. "A Eucaristia é o memorial da Páscoa de Cristo, a atualização e a oferta sacramental de seu único sacrifício na liturgia da Igreja, que é o corpo dele. Em todas as orações eucarísticas encontramos, depois das palavras da instituição, uma oração chamada anamnese ou memorial. No sentido da Sagrada Escritura, o memorial não é somente a lembrança dos acontecimentos do passado, mas a proclamação das maravilhas que Deus realizou por todos os homens. A celebração litúrgica desses acontecimentos torna-os de certo modo presentes e atuais [...]. O memorial recebe um sentido novo no Segundo Testamento. Quando a Igreja celebra a Eucaristia, rememora a Páscoa de Cristo, e esta se torna presente: o sacrifício que Cristo ofereceu uma vez por todas na cruz torna-se sempre atual: 'Todas as vezes que se celebra no altar o sacrifício da cruz, pelo qual Cristo nessa Páscoa foi imolado, efetua-se a obra de nossa redenção'."[1]

VIVÊNCIA

O cristianismo será o resultado de uma experiência histórica feita por Jesus Cristo, o qual entrega a sua vida como sacrifício na cruz. Com ela se dá o começo do esclarecimento sobre o mistério de sua pessoa. Ela é reveladora de quem é Jesus Cristo e do significado de sua missão, de sua proposta sobre o Reino de Deus e do seu futuro no horizonte da vontade de Deus-Pai.

O cristianismo nasceu do Crucificado, que, por amor, entregou sua vida para salvar e libertar o ser humano das garras do pecado. O Crucificado ressuscitou e passou a ser uma presença sacramentalmente viva na comunidade através da Eucaristia. Por isso, a comunidade de seus seguidores é convocada a fazer o mesmo caminho que implica uma identificação vital, existencial e

---

[1] *Catecismo da Igreja Católica*, nn. 1362-1364.

histórica com o Crucificado-Ressuscitado. "A Eucaristia é também o sacrifício da Igreja. A Igreja, que é o Corpo de Cristo, participa da oferta de sua Cabeça. Com Cristo, ela mesma é oferecida inteira. Ela se une à sua intercessão junto ao Pai por todos os homens. Na Eucaristia, o sacrifício de Cristo se torna também o sacrifício dos membros de seu Corpo. A vida dos fiéis, seu louvor, seu sofrimento, sua oração, seu trabalho são unidos aos de Cristo e à sua oferenda total, e adquirem assim um valor novo. O sacrifício de Cristo, presente sobre o altar, dá a todas as gerações de cristãos a possibilidade de estarem unidos à sua oferta."[2]

Comente no grupo que gestos, situações ou testemunhos realizam a Eucaristia na vida cotidiana dos cristãos. A Eucaristia é celebrada na liturgia e se estende fora dela, estabelecendo uma continuidade entre a verdade do sacramento e aquela que construímos concretamente.

ORAÇÃO

Preparar e celebrar o *lava-pés* com o grupo. Mostrar a ligação entre pão e vinho consagrados (corpo e sangue de Jesus), morte na cruz e serviço aos irmãos, como componentes de uma única realidade salvífica. Conversar antes com o grupo: *Por que esse gesto faz parte da celebração da Quinta-feira Santa? Que atitudes Jesus propõe para quem quer ser seu discípulo?*

Preparar toalha de mesa, pão e vinho suficientes para todos partilharem. Arrumar cadeiras, bacia, jarro com água e toalhas para o lava-pés. Todos permanecem de pé e em silêncio.

Comentarista: *Jesus celebra a ceia com seus apóstolos e antecipa nos sinais do pão e do vinho a profecia de sua morte na cruz. Sua morte é Páscoa, significa a intervenção do Pai, que salva a humanidade pelo amor de seu Filho levado às últimas consequências. O amor gerado na cruz é libertador, oblativo e desinteressado.*

---

[2] Ibid., n. 1368.

Distantes da mesa, os leitores proclamam o Evangelho: *Lc 22,7-13 – Ide fazer os preparativos para comermos a ceia pascal.*

Após a proclamação, duas pessoas se dirigem à mesa com as toalhas, preparam-na e colocam sobre ela o pão e o vinho. Cantar: *Eu quis comer esta ceia agora, pois vou morrer, já chegou minha hora...*, ou outro canto com essa temática.

Comentarista: *O pão e o vinho partilhados serão os sacramentos da vida doada de Jesus como serviço de amor, de solidariedade para a união dos seres humanos. Praticamos o Evangelho somente quando há entrega, doação de nossa parte. Por isso, existe correspondência entre celebrar a Eucaristia, doar a própria vida e servir a comunidade desinteressadamente. Eis aí a lição do lava-pés.*

O leitor 3 e o leitor 4 fazem respectivamente a parte de Pedro e a de Jesus: *Jo 13,1-17 – Se eu, o Senhor e Mestre, vos lavei os pés, também vós deveis lavar os pés uns aos outros.*

O comentarista dá sequência ao lava-pés com aqueles que foram previamente orientados e preparados. Enquanto isso todos entoam um canto apropriado.

O comentarista convida para a oração do Pai-Nosso. Antes de partir o pão e distribuir o vinho, convidar os participantes para trazerem os alimentos que serão doados. Todos comem o pão e recebem o vinho, enquanto se entoa um canto sobre a caridade.

12º encontro

O caminho da cruz

OBJETIVO

Ajudar os crismandos a compreenderem a cruz como serviço de amor e participação na missão de Cristo.

REFLEXÃO

Proclamar: *1Cor 1,18-25 – A linguagem da cruz é loucura para aqueles que se perdem, mas para aqueles que se salvam, para nós, é poder de Deus.*

As primeiras comunidades cristãs assumiram a cruz como sinal do seguimento de Jesus. O cristianismo nasceu do Crucificado, que por amor entregou sua vida para salvar e libertar o ser humano do pecado. O Crucificado ressuscitou e passou a ser uma presença sacramentalmente viva na comunidade por meio da Eucaristia.

A cruz não surgiu repentinamente na vida de Jesus de Nazaré. Ela foi consequência de uma opção radical pelo Pai e pelo Reino. Na fidelidade ao Pai, Jesus é fiel também aos pobres e aos pecadores, os quais o Pai ama e quer resgatar. Jesus é tão solidário à sorte dos que sofrem como ele, que dá sua própria vida por eles.[1]

---

[1] Cf. BRUSTOLIN, Leomar Antônio; LELO, Antonio Francisco. *Iniciação à vida cristã*; Batismo, Confirmação e Eucaristia de adultos. São Paulo, Paulinas, 2006, p. 138.

O que significa afirmar que a cruz passa a ser conteúdo de anúncio das primeiras comunidades cristãs? Quer dizer que a experiência feita pelo Crucificado aparece como elemento determinante para os seguidores de Jesus identificarem sua vida com a dele.

A sabedoria da razão humana, porém, não é suficiente para explicitar a experiência cristã da cruz. Seu significado salvífico--libertador é entendido somente com base na sabedoria de Deus, cujo princípio é a fé vinculada à experiência religiosa original de Jesus Cristo Crucificado. O cristianismo está radicado em Jesus Crucificado.

Vivência

Em Mc 8,34-38 (*Se alguém quiser vir após mim, negue-se a si mesmo, tome a sua cruz e siga-me*), a multidão aparece unida aos discípulos quando se trata de percorrer o caminho da cruz como seguimento de Jesus Cristo. A via da cruz não está destinada tão somente para alguns poucos, mas sim para todas as pessoas que queiram seguir de fato Jesus Cristo. O seguimento exige a renúncia dos interesses pessoais que não estejam sintonizados com o projeto do Reino. Tomar a cruz e seguir o caminho do Mestre é enveredar pelo caminho do serviço na doação total, até a entrega da própria vida motivada pelo amor, a exemplo do Mestre.

Não entregar a vida a serviço do Reino e de seus riscos pensando em salvá-la é um equívoco. Quem procede assim no fundo acaba perdendo a vida por preguiça, omissão ou indiferença. Mas quem não reserva a vida para si e a coloca a serviço do Reino na caridade, ainda que a perca ao entregá-la, a exemplo de Jesus Cristo, na verdade estará salvando-a. Sendo a vida o maior dom de Deus, se for colocada a serviço do Reino, jamais poderá ser perdida.

Motive uma conversa em grupo com as seguintes perguntas: Até que ponto estou disposto a perder a vida, como ensina Jesus? Para Jesus, o que significou abraçar a cruz? Todo cristão deverá abraçar a sua cruz para merecer o nome de cristão?

Oração

Esta celebração retoma os elementos da celebração da paixão do Senhor da Sexta-feira Santa. Prepara-se uma mesa com toalha vermelha e sobre ela coloca-se um crucifixo. Todos se ajoelham e fazem silêncio por um momento.

Comentarista: *O Filho de Deus entregou a sua vida para nos salvar: Eis o meu corpo, eis o meu sangue derramado por vós. Não reservou nada para si. A cruz é o sinal do seu amor levado às últimas consequências. Seu amor é o serviço de doação de si em favor da humanidade. O Filho de Deus enfrenta o mal deste mundo, nos salva da opressão do maligno e refaz o caminho de volta para a casa do Pai.*

O leitor 1 proclama: *Jo 19,28-37 – Do seu lado aberto jorrou sangue e água.*

Em clima orante e de interiorização, projetam-se as imagens do DVD encartado, sobre a música de Fr. Turra, "Deus ama quem dá com alegria (2Cor 9,7)". Se houver tempo, é recomendável fazer uma pequena partilha da Palavra.

Leitor 2: *Oremos pelo nosso Santo Padre, o papa N., pelo nosso bispo N., pelo nosso pároco N., por todos os ministros da Igreja e por todo o povo fiel.*

Catequista: *Deus eterno e todo-poderoso, que santificais e governais pelo vosso Espírito todo o corpo da Igreja, escutai as súplicas que vos dirigimos por todos os que constituem o vosso povo. Fazei que cada um, pelo dom da vossa graça, vos sirva com fidelidade. Por nosso Senhor Jesus Cristo, vosso Filho, na unidade do Espírito Santo.*

Leitor 2: *Oremos a Deus-Pai todo-poderoso, para que livre o mundo de todo erro, expulse as doenças e afugente a fome, abra as prisões e liberte os cativos, vele pela segurança dos viajantes, repatrie os exilados, dê a saúde aos doentes e a salvação aos que agonizam.*

Catequista: *Deus eterno e todo-poderoso, sois a consolação dos aflitos e a força dos que labutam. Cheguem até vós as preces dos* *que clamam em sua aflição, sejam quais forem os seus sofrimentos, para que se alegrem em suas provações com o socorro da vossa misericórdia. Por nosso Senhor Jesus Cristo, vosso Filho, na unidade do Espírito Santo.*

O catequista apresenta a cruz para ser beijada, enquanto se canta o Salmo 2, ou algum canto referente à cruz.

13º encontro

A Ressurreição

OBJETIVO

Assumir na fé o sentido da Ressurreição, a partir do acontecimento histórico da Páscoa, a fim de assimilar a ação salvadora e libertadora de Deus.

REFLEXÃO

Proclamar: *Lc 24,1-8 – É preciso que o Filho do Homem seja crucificado e ressuscite ao terceiro dia.*

A Ressurreição é um acontecimento que está no centro da experiência religiosa que Jesus Cristo fez de Deus. Ela, o cume do caminho feito por Jesus Cristo, é o mistério por excelência que serve como critério para entender o sentido dos demais mistérios da fé cristã: sua encarnação (o divino humanizado e o humano divinizado), sua vida (seus gestos e palavras), sua paixão (tudo aquilo que diz respeito a seu sofrimento) e sua crucifixão (morte violenta na cruz). Com a Ressurreição, esses mistérios se esclarecem, e os seguidores de Jesus Cristo descobrem quem ele é, qual é sua missão e qual é seu futuro.

A Ressurreição é a experiência de fé que permite entender o passado de Jesus Cristo. Seus seguidores, partindo da Ressurreição e olhando, de forma retroativa, para aquilo que ele fez e pregou, começam a compreender o mistério de sua pessoa.

A Ressurreição ilumina e dá sentido ao presente, pois a luz do Ressuscitado dissipa as dúvidas e incertezas da morte e a sensação de que tudo está perdido ou de que a crucifixão foi o fim de tudo. Mas a Ressurreição projeta luz também sobre o futuro, pois o Ressuscitado inaugura um tempo novo, de esperança em um mundo mais de acordo com os desígnios de Deus-Pai.

"A Ressurreição constitui antes de mais nada a Confirmação de tudo o que o próprio Cristo fez e ensinou. Ao ressuscitar, Cristo deu a prova definitiva, que havia prometido, de sua autoridade divina. A Ressurreição do Crucificado demonstrou que ele era verdadeiramente EU SOU, o Filho de Deus e Deus mesmo.

Há um duplo aspecto no Mistério Pascal: por sua morte Jesus nos liberta do pecado, por sua Ressurreição ele nos abre as portas de uma nova vida. Essa é primeiramente a justificação que nos restitui a graça de Deus, 'a fim de que, como Cristo foi ressuscitado dentre os mortos pela glória do Pai, assim também nós vivamos vida nova' (Rm 6,4). Esta consiste na vitória sobre a morte do pecado e na nova participação na graça.

O próprio Cristo ressuscitado é princípio e fonte de nossa ressurreição futura: *Cristo ressuscitou dos mortos, primícias dos que adormeceram [...]; assim como todos morrem em Adão, em Cristo todos receberão a vida* (1Cor 15,20-22). Na expectativa dessa realização, Cristo ressuscitado vive no coração de seus fiéis. Nele, os cristãos *experimentaram [...] as forças do mundo que há de vir* (Hb 6,5) e suas vidas são atraídas por Cristo ao seio da vida divina *a fim de que não vivam mais para si mesmos, mas para aquele que morreu e ressuscitou por eles* (2Cor 5,15)."[1]

Para assumir na fé a Ressurreição, é necessário ver seu significado à luz da Páscoa como um acontecimento histórico que evoca o êxodo do povo de Deus, comunica a ação salvadora e libertadora de Deus de tudo aquilo que diminui a dignidade da pessoa humana. Assim, a Ressurreição é radicalmente saída e passagem de todo tipo de escravidão para a liberdade plena.

---

[1] *Catecismo da Igreja Católica*, nn. 651-655.

Vivência

Ao aprofundarmos o Mistério Pascal, notamos que o Crucificado é o Ressuscitado e o Ressuscitado é o Crucificado, uma única pessoa que faz a experiência da morte e da Ressurreição.

A Páscoa de Jesus Cristo inaugura na história da humanidade a possibilidade definitiva de que a ação libertadora de hoje seja o meio permanente de reatualização eficaz do Mistério Pascal. Jesus de Nazaré leva definitivamente o projeto pascal do Pai a se concretizar na história através do anúncio da palavra geradora e dos gestos que provocam a passagem das situações de escravidão para novas formas de liberdade. Isso significa dizer que a experiência do Mistério Pascal deve resultar em ações libertadoras que possibilitem o surgimento de realidades novas para o ser humano.

Faça ao grupo as seguintes perguntas: Essas atitudes e convicções libertadoras fazem parte de minha maneira de ser? Que atitudes o grupo catecumenal deverá cultivar para fazer a experiência da ressurreição?

Oração

Esta celebração retoma alguns elementos da liturgia da Palavra da Vigília Pascal. Acender o círio, enquanto o grupo canta ou reza algumas estrofes da proclamação da Páscoa.

Lado 1: *Pois eis agora a Páscoa, nossa festa, em que o real Cordeiro se imolou: marcando nossas portas, nossas almas, com seu divino sangue nos salvou.*

Lado 2: *Esta é, Senhor, a noite em que do Egito retirastes os filhos de Israel, transpondo o mar Vermelho a pé enxuto, rumo à terra onde correm leite e mel.*

Lado 1: *Pois esta noite lava todo crime, liberta o pecador dos seus grilhões, dissipa o ódio e dobra os poderosos, enche de luz e paz os corações.*

Lado 2: *Ó noite de alegria verdadeira, que prostra o Faraó e ergue os hebreus, que une de novo ao céu a terra inteira, pondo na treva humana a luz de Deus.*

Comentarista: *Na Vigília Pascal meditamos as "maravilhas" que o Senhor faz por seu povo ao criá-lo à sua imagem e semelhança. Estabelece uma aliança com seu povo ao libertá-lo da escravidão do Faraó. Mesmo diante da infidelidade do povo, o Senhor envia seu Filho para resgatar a humanidade.*

O leitor 1 proclama: *Gn 1,1.26-31a – E Deus viu o que fizera, e eis que era muito bom.*

A assembleia canta ou reza o Salmo 103.

Lado 1: *Bendize ao Senhor, ó minha alma!/ Senhor, Deus meu, como sois grande: Vestido de esplendor e majestade,/ envolto em luz como num manto.*

Lado 2: *Fazeis brotar fontes d'água pelos vales,/ elas correm pelo meio das montanhas; junto a elas as aves do céu se abrigam,/ desferindo seu canto por entre a folhagem.*

Lado 1: *Quão numerosas são vossas obras, Senhor,/ e todas fizestes com sabedoria; a terra está repleta das vossas criaturas./ Bendize ao Senhor, ó minha alma!*

Catequista: *Ó Deus, admirável na criação do homem, e mais ainda na sua redenção, dai-nos a sabedoria de resistir ao pecado e chegar à eterna alegria. Por nosso Senhor Jesus Cristo, vosso Filho, na unidade do Espírito Santo.*

O leitor 2 proclama: *Ex 14,15–15,1 – Os filhos de Israel entraram no mar a pé enxuto.*

Catequista: *Ó Deus, vemos brilhar ainda em nossos dias as vossas antigas maravilhas. Como manifestastes outrora o vosso poder, libertando um só povo da perseguição do Faraó, realizais agora a salvação de todas as nações, fazendo-as renascer nas águas do Batismo. Concedei aos homens do mundo inteiro tornarem-se filhos* *de Abraão e membros do vosso povo eleito. Por nosso Senhor Jesus Cristo, vosso Filho, na unidade do Espírito Santo.*

O leitor 3 proclama: *Rm 6,3-11 – Cristo, ressuscitado dos mortos, não morre mais.*

Motivar a partilha da Palavra com perguntas: *Como é o ser humano criado por Deus? Como o pecado destrói a obra de Deus? A morte e a Ressurreição de Cristo refazem a obra do Criador, devolvem ao ser humano a sua semelhança com Deus? Ele é a imagem perfeita do Pai? O Batismo possibilita à pessoa participar da Páscoa de Cristo para ser conforme à imagem dele? Como vive uma pessoa livre, segundo a vida nova dada pelo Batismo?*

Pode-se concluir com algumas preces espontâneas, o Pai-Nosso e a bênção final.

14º encontro

O envio do Espírito Santo

Objetivo

Ajudar os crismandos a perceberem, na Igreja de hoje, a ação santificadora do Espírito Santo como continuidade da ação de Jesus.

Reflexão

Proclamar: *Jo 20,19-23 – Soprou sobre eles e lhes disse: "Recebei o Espírito Santo".*

Se a crucifixão-Ressurreição de Jesus Cristo foi o meio visível da ação do Espírito Santo, agora é a Igreja o meio extensivo da ação do mesmo e único Espírito Santo. Por isso, a Igreja recebeu o sopro vital do Espírito Santo para cumprir sua missão.

Pentecostes é o momento misterioso do envio do Espírito Santo, consolador, inspirador e iluminador daquilo que aconteceu com Jesus Cristo e que deve ser assimilado e assumido pela Igreja nascente. Na configuração do Mistério Pascal, notamos que o Crucificado é o Ressuscitado, e o Ressuscitado é o Crucificado, uma única pessoa que faz a experiência da morte e da Ressurreição.

A Páscoa de Jesus Cristo inaugura na história humana a possibilidade definitiva de que a ação libertadora de hoje seja o meio permanente de reatualização eficaz do Mistério Pascal. Jesus de Nazaré leva definitivamente o projeto pascal do Pai a se concretizar na história através do anúncio da palavra geradora e de gestos que provocam a passagem da escravidão para a liberdade.

Precisamos tomar consciência da realidade opressora que tolhe a liberdade humana. A luz resplandecente do Ressuscitado, sua força vencedora do pecado e da morte, foi comunicada a seus seguidores. Assim, estes últimos também podem assumir o compromisso libertador contra todas as situações de pecado e de morte causadas pelas novas formas de cativeiro.

Já não se pode separar o mistério da Ressurreição do mistério de Pentecostes. É através do Espírito Santo que cada cristão participa da Ressurreição. Essa missão do Espírito Santo faz com que a Ressurreição na vida da Igreja seja o princípio de esperança por excelência na busca de um mundo mais de acordo com aquilo que Jesus Cristo pregou. Ele, agora, através da inspiração de Pentecostes, é o conteúdo daquilo que a Igreja anuncia. "Quando o Pai envia seu Verbo, envia sempre seu Sopro: missão conjunta em que o Filho e o Espírito Santo são distintos, mas inseparáveis. Sem dúvida, é Cristo que aparece, ele, a Imagem visível do Deus invisível; mas é o Espírito Santo que o revela. Jesus é Cristo, 'ungido', porque o Espírito é a unção dele, e tudo o que advém a partir da encarnação decorre dessa plenitude."[1]

VIVÊNCIA

"Jesus nos transmitiu as palavras de seu Pai e é o Espírito quem recorda à Igreja as palavras de Cristo (cf. Jo 14,26). Desde o princípio, os discípulos haviam sido formados por Jesus no Espírito Santo (cf. At 1,2); e, na Igreja, o Mestre interior conduz ao conhecimento da verdade total, formando discípulos e missionários. Essa é a razão pela qual os seguidores de Jesus devem deixar-se guiar constantemente pelo Espírito (cf. Gl 5,25), e tornar a paixão pelo Pai e pelo Reino sua própria paixão: *Anunciar a Boa-Nova aos pobres, curar os enfermos, consolar os tristes, libertar os cativos e anunciar a todos o ano da graça do Senhor* (Lc 4,18-19)."[2]

---

[1] Ibid., nn. 689-690.
[2] CELAM. *Documento de Aparecida*; texto conclusivo da V Conferência Geral do Episcopado Latino-Americano e do Caribe. São Paulo, Paulinas, 2007. n. 152.

Faça ao grupo a seguinte pergunta: Costumo pensar em meus atos e em minha história com os olhos de Deus?

ORAÇÃO

Colocar, sobre uma mesa com toalha, um recipiente com azeite de oliva e perfume. A **catequista** explica:

A palavra "crisma" é grega e denomina um unguento aromático, mistura de azeite e bálsamo perfumado. Vem do verbo crio, "ungir", que deu origem ao termo Cristós, "o Ungido", equivalente a "Messias" em hebraico. Por derivação, "cristãos" significa ungidos pertencentes ao Ungido.

Na Confirmação a crismação, a unção, é feita na testa, para expressar o selo e a marca do Espírito de Cristo, para que sejam testemunhas dele no meio do mundo.

Na linguagem bíblica se associa muitas vezes o perfume com a unção. O bom odor produz uma sensação de agrado, expressa o apreço que sentimos pelo lugar sagrado. Com o óleo perfumado, passa-se facilmente ao simbolismo: dar testemunho da verdade e ser, pelo bom perfume das boas obras, fermento de santidade no mundo. Como afirmou Paulo: "Somos, para Deus, o bom odor de Cristo" (2Cor 2,15).[3]

Entoar um canto de aclamação ao Evangelho.

Um leitor proclama: *Jo 7,37b-39 – Ele falava do Espírito que deveriam receber.*

Em silêncio, o catequista mistura o perfume no azeite. Depois unge os pulsos ou as mãos de cada participante. Durante a unção, cantar ao Espírito Santo (sugestão: PE. ZEZINHO. CD: *Ele me ungiu*; canções para confirmar a fé. São Paulo, Comep, 2007. Canção "Deus nos unge agora").

---

[3] Cf. ALDAZÁBAL, José. *Vocabulário básico de liturgia*. Barcelona, Centre de Pastoral Litúrgica, 2002. pp. 107, 273 e 400.

15º encontro

Como os discípulos de Emaús

Objetivo

Aprofundar, a exemplo dos discípulos que reconheceram Jesus ao partir o pão, a participação na Eucaristia dominical, a fim de conviver mais de perto com o Mestre.

Reflexão

Proclamar: *Lc 24,13-35 – Dois discípulos iam para um povoado, chamado Emaús.*

Pedir aos crismandos que subdividam o texto em unidades e o comparem com a sequência da celebração eucarística.

Os *vv. 13-15* atestam que a cena se dá no primeiro dia da semana, o que mostra o costume dos primeiros cristãos de santificarem esse dia, como os judeus santificavam o sábado. Os discípulos estavam desanimados, sem esperança, e caminhavam na direção contrária de Jerusalém.

Quando vamos para a celebração eucarística, levamos conosco as histórias e tudo o que acontece ao nosso redor, em nosso país e no mundo. Muitas vezes, esses fatos não são muito animadores: violência, morte, doenças, desemprego. Mas também há sucessos e alegrias para celebrarmos. É preciso fazer memória de nossa vida para em Cristo tomarmos outro rumo: "Os seus olhos estavam como vendados, incapazes de reconhecê-lo" (v. 16).

Os ritos iniciais da missa têm a finalidade de criar comunidade entre os participantes e prepará-los para o que vão celebrar: a escuta da Palavra e a Eucaristia. Viemos de muitos lugares diferentes para formar a assembleia, somos protagonistas de lutas, trabalhos, estudo e amizade, mas temos fé, somos o povo de Deus reunido pelo Senhor. "Na missa ou ceia do Senhor, o povo de Deus é convocado e reunido, sob a presidência do sacerdote, que representa a pessoa de Cristo, para celebrar a memória do Senhor, [... na qual] se realiza a promessa de Cristo: *Onde dois ou três estão reunidos no meu nome, eu estou no meio deles* (Mt 18,20). Pois, na celebração da missa, Cristo está realmente presente na assembleia reunida em seu nome como na pessoa do ministro, na sua palavra e, também, de modo substancial e permanente, sob as espécies eucarísticas."[1]

A comunidade reunida para a celebração é sacramento da presença do Cristo ressuscitado, é imagem do seu corpo: "O próprio Jesus se aproximou e começou a caminhar com eles" (v. 15). O celebrante principal da Eucaristia é o próprio Cristo. Ele está presente no ministro ordenado, sacramento do Cristo-cabeça, e na assembleia, seu corpo eclesial.

Nos *vv. 16-27*, diante do desânimo e da incompreensão dos discípulos, Jesus explica as Escrituras, "começando por Moisés e passando por todos os Profetas" (v. 27).

Na celebração da Eucaristia, temos a liturgia da Palavra constituída por três leituras, uma geralmente do Primeiro Testamento (*primeira leitura*), acompanhada por um *Salmo*, que retoma de forma orante o tema da leitura. Outra do apóstolo (*segunda leitura*), ou seja, do Segundo Testamento. Como ápice da revelação temos a proclamação do *Evangelho*, acompanhada de gestos para honrá-lo: ficamos de pé, cantamos o *Aleluia* e o incensamos; recomenda-se que o texto seja cantado; quem proclama é o ministro ordenado; o texto possui um livro próprio, o *Evangeliário*, levado em procissão do altar para o ambão (estante

---

[1] *Instrução Geral sobre o Missal Romano*, n. 27.

da palavra); no final o livro é beijado. Normalmente, a primeira leitura e o Evangelho tratam do mesmo tema: o que o profeta viveu, Cristo realiza hoje em nossa celebração. "[O mistério de Cristo,] que a Palavra de Deus não cessa de recordar e prolongar, alcança seu mais pleno significado na ação litúrgica, de modo que a celebração litúrgica se converta em uma contínua, plena e eficaz apresentação dessa Palavra de Deus. Assim, a Palavra de Deus, proposta continuamente na liturgia, é sempre viva e eficaz (cf. Hb 4,12) pelo poder do Espírito Santo, e manifesta o amor ativo do Pai, que nunca deixa de ser eficaz entre os homens."[2]

Cristo está sempre em sua Palavra, pois é ele mesmo quem fala quando se leem as Sagradas Escrituras na Igreja.[3] É uma presença pessoal, dinâmica, salvadora, que primeiro se dá a nós como Palavra viva de Deus, e depois como alimento eucarístico.

Do ambão proclamam-se as leituras de um livro (nunca de folhetos) chamado *Lecionário*, que muitas vezes é trazido processionalmente. O ambão está relacionado com o altar; é diferente da estante simples do comentarista. A liturgia da Palavra e a da Eucaristia estão tão intimamente unidas entre si que formam um só ato de culto. Temos a mesa do Pão da Palavra e a mesa do Pão Eucarístico; ambas formam uma só mesa da celebração.

O plano de Deus revelado pela Palavra deve ser interpretado na comunidade. Por isso Jesus "explicou-lhes, em todas as Escrituras, as passagens que se referiam a ele" (v. 27). Nas leituras explicadas pela homilia, Deus fala ao seu povo, revela o mistério de Cristo e nos mostra o seu desígnio na vida da comunidade. Respondemos às leituras com a oração dos fiéis e concluímos com nosso sim à Palavra de vida, professando nossa fé na oração do Creio.

Os *vv. 28-32* dizem que, "depois que se sentou à mesa com eles, tomou o pão, pronunciou a bênção, partiu-o e deu a eles" (v. 30). Esses quatro verbos repetidos na multiplicação dos pães e na última ceia mostram como a liturgia eucarística está composta:

---

[2] *Elenco das leituras da missa*, n. 4.
[3] Cf. CONCÍLIO VATICANO II. Constituição *Sacrosanctum Concilium* (sobre a sagrada liturgia). 8. ed. São Paulo, Paulinas, 2007. n. 7.

a) *tomou o pão, o cálice*. Na preparação das oferendas sejam trazidos na procissão pão e vinho, bem como alimentos a serem distribuídos entre os pobres e dinheiro para as necessidades dos pobres e da comunidade.

b) *deu graças*. Na Oração Eucarística rendemos graças a Deus por toda a obra salvífica, por Cristo, no Espírito Santo, e, confiados em tais maravilhas do Senhor, suplicamos ao Pai que envie seu Espírito para que transforme o pão e o vinho no corpo sacramental de Cristo e transforme a nós, comungantes, no corpo eclesial do Ressuscitado.

c) *partiu o pão*. O gesto da fração do pão realizado por Cristo na última ceia, que no tempo dos apóstolos deu o nome a toda a ação eucarística, significa que muitos fiéis, pela comunhão no único pão da vida, que é o Cristo, morto e ressuscitado pela salvação do mundo, formam um só corpo (cf. 1Cor 10,17). É também um gesto profético de compromisso eclesial ético e social: quem come do pão que o Senhor reparte para nós, compromete-se a repartir seu pão com os irmãos.

d) *deu*. Pela comunhão os fiéis recebem o corpo e o sangue do Senhor como os apóstolos o receberam das mãos do próprio Cristo. A comunhão manifesta a unidade de todos, sendo sua fonte o Corpo de Cristo "entregue" e o seu sangue "derramado" por nós, *por um Espírito eterno* (Hb 9,14).[4]

Os *vv. 33-35* dizem que "naquela mesma hora, levantaram-se e voltaram para Jerusalém". Os discípulos fazem o caminho de volta para Jerusalém, lugar do Ressuscitado. Recobram a coragem porque seus olhos foram abertos e eles reconhecem o Senhor no sacramento.

Na missa (do latim *missio*, "missão") somos povo convocado por Deus, reunido no amor de Cristo, na força do Espírito Santo, e enviado em missão. Podemos assim celebrar a memória do

---

[4] Cf. *Instrução Geral sobre o Missal Romano*, n. 83; CNBB. *Guia litúrgico-pastoral*. 2. ed. Brasília, Edições CNBB, 2006. pp. 26-28; Id. *Animação da vida litúrgica no Brasil*. São Paulo, Paulinas, 1989. n. 287. (Documentos da CNBB, n. 43).

Mistério Pascal e nos tornar, cada vez mais, o que como batizados nunca deixamos de ser: o corpo eclesial de Cristo, chamado a ser na sociedade o sacramento da unidade de todo o gênero humano.[5]

VIVÊNCIA

Durante a celebração litúrgica, nossa preocupação deve ser, mais do que intelectual, experiencial do Mistério Pascal, fazendo a ligação entre fé e vida (A Páscoa de Cristo na páscoa da gente, a páscoa da gente na Páscoa de Cristo). Ao levarmos os acontecimentos do dia a dia para a celebração, seja em pensamentos, seja nas intenções e preces, queremos direcionar nossa vida à luz da Páscoa de Cristo. Ela é o critério fundamental para discernirmos qual é o melhor caminho a seguir. Ao tomarmos parte do sacrifício de Cristo pela comunhão eucarística, nós nos colocamos na mesma atitude de Cristo, que veio para servir e amar. "Na celebração da missa os fiéis constituem o povo santo, o povo adquirido e o sacerdócio régio, para dar graças a Deus e oferecer o sacrifício, não apenas pelas mãos do sacerdote, mas também juntamente com ele, e aprender a oferecer-se a si próprios."[6]

Desperte no grupo a consciência de que em cada celebração eucarística oferecemos, juntamente com o vinho e o pão – frutos da terra e do trabalho humano –, nosso trabalho e nossas atitudes em favor do próximo.

ORAÇÃO

Preparar uma celebração da Palavra com finalidade de esclarecer e valorizar a manifestação do Ressuscitado junto à comunidade reunida em torno da Palavra e da Eucaristia. Preparar um ambão com a Bíblia. Ressaltar a força da Palavra, que cumpre o que anuncia. Depositar sobre uma mesa com toalha uma bandeja com um grande

---

[5] Cf. CNBB, *Guia litúrgico-pastoral*, cit., p. 34.
[6] *Instrução Geral sobre o Missal Romano*, n. 95.

pão. Aproveitando o símbolo do pão, salientar o valor da comunhão e da unidade em um só corpo.

Dirigente: *Em nome do Pai... A graça de nosso Senhor Jesus Cristo, o amor do Pai e a comunhão do Espírito Santo estejam convosco.*

Todos: *Bendito seja Deus, que nos reuniu no amor de Cristo.*

O dirigente estimula o grupo a fazer memória dos últimos acontecimentos na comunidade.

Dirigente: *Ó Pai santo, compassivo e misericordioso, acolhei as preces, os sonhos e os ideais daqueles que se reúnem pela vossa Palavra. Tornai-os seguidores de vosso Filho na força do Espírito Santo.*

Todos: *Amém.*

Ler: *Hb 4,12-14 – A Palavra de Deus é viva.*

Meditar: *Salmo 119 – A lei do Senhor (somente alguns versos).*

Proclamar: *Lc 4,16-21 – Foi então a Nazaré, onde se tinha criado.*

O dirigente faz breve homilia. Depois convida o grupo a formular as preces.

Ao redor da mesa, o dirigente convida os crismandos a agradecer a Deus os dons recebidos (a vida nova que brota da Ressurreição de Jesus, os sinais de vida percebidos durante a semana na família, na comunidade e na sociedade).[7]

O dirigente convida a rezar o Pai-Nosso e a dar o abraço da paz. Depois parte o pão em vários pedaços e o distribui individualmente.

O dirigente combina com o grupo um compromisso para ser assumido naquela semana.

Dirigente: *O Senhor Jesus Cristo esteja contigo para te proteger.*

Todos: *Amém.*

---

[7] Cf. CNBB. *Orientações para a celebração da Palavra de Deus.* São Paulo, Paulinas, 1994. (Documentos da CNBB, n. 52).

Dirigente: *Esteja à tua frente para te conduzir, e atrás de ti para te guardar.*

Todos: *Amém.*

Dirigente: *Olhe por ti, te conserve e te abençoe.*

Todos: *Amém.*

Dirigente: *E a todos nós, aqui reunidos, abençoe-nos o Deus todo-poderoso, Pai e Filho e Espírito Santo.*

Todos: *Amém.*

Participar da celebração

O ser humano é um ser constituído de tal maneira que realiza tudo a partir de seu espírito interior e de sua corporeidade: não só tem sentimentos e ideias, mas também os expressa com palavras, gestos e atitudes.[8]

Reunir-se para acolher a Palavra de Deus exige algumas atitudes de nossa parte. Primeiramente, nós nos sentamos com calma e em atitude de quem vai ouvir uma notícia de salvação, de esperança. Estar sentados é sinal de acolhida e de escuta. Procuramos nos movimentar de acordo com o que os animadores nos sugerem. Mas nossa atitude interior é de concentração, atenção, adesão confiante ao Senhor. Entoamos os refrãos ou cantos, de preferência alguns versículos dos textos bíblicos lidos ou inspirados neles.

Ao exercer algum ministério (serviço) durante a celebração, a pessoa ajuda a comunidade a rezar melhor, evitando tudo aquilo que distrai a assembleia (som muito alto, ruídos...). É bom que todos os participantes estejam em atitude orante para ouvir o Senhor. A Palavra e a entrega de Jesus são o centro das atenções durante a celebração. Oferecemos nossa voz para ler ou cantar e, se formos solicitados, serviremos junto ao altar sempre de modo discreto e sabendo claramente o que fazer e como se portar.

---

[8] Cf. ALDAZÁBAL, José. *Gestos e símbolos*. São Paulo, Loyola, 2005. p. 15.

Para proclamar as leituras na assembleia, devemos ler o texto com antecedência, entender seu conteúdo (não ler como papagaio), usar o microfone na altura certa, modular a voz corretamente, colocar-se próximo ao ambão etc. Ao ler, usar a entoação de voz própria ao tipo de leitura, ao gênero literário (narrativa, texto sapiencial, ensinamento, parábola...). A segurança dos gestos evitará a pressa na leitura. Tudo deve ser conferido antes para evitar hesitação. Na celebração litúrgica, os gestos e os movimentos são sempre realizados com respeito e seriedade, e revelam os sentimentos de fé de todos que atuam e participam na celebração.

16º encontro

As pastorais

Objetivo

Mostrar, por meio do estágio pastoral, a vitalidade e as carências das pastorais da comunidade, a fim de convocar todos para anunciar o nome do Senhor, ser Igreja e promover o bem comum.

Reflexão

Fazer um levantamento e apresentação das atividades que existem na comunidade. *Qual a finalidade de cada uma delas? Que pessoas se acham envolvidas?* Convidar alguns representantes das pastorais para apresentar o próprio trabalho.

Dividir o grupo em duplas e entregar para cada uma as citações dos textos bíblicos e as seguintes perguntas: *Quais foram as atividades das primeiras comunidades? Como essas atividades acontecem em nossa comunidade hoje?*

Marcar um tempo, fazer o plenário. As duplas, com a assessoria do catequista, colocam em comum a reflexão.[1]

---

[1] Quadro baseado em: BLANKENDAAL, Antônio Francisco. *Seguir o Mestre II*; Batismo e/ou Confirmação e Eucaristia de adultos. São Paulo, Paulinas, 2007. pp. 86-87.

At 2,42	1. Ensinamentos, comunhão fraterna, orações, fração do pão. 2. Catequese, homilias, círculos bíblicos, missas e cultos.
At 4,32-35	1. Testemunho dos apóstolos, comunhão de bens, união dos fiéis. 2. União entre os cristãos, partilha dos bens, dízimo, campanhas beneficentes, testemunho de fé.
At 6,2-6	1. Assembleia dos líderes: diáconos para servir as mesas e os apóstolos encarregados da oração e da pregação. 2. Diáconos e outros missionários leigos, catequese, campanha do quilo, sopa dos pobres, luta contra a fome, assembleias, conferências e concílios.
At 8,34-38	1. Anúncio da palavra, Batismo, profissão de fé e conversão. 2. Catequese, preparação dos pais para o Batismo, Comunidades Eclesiais de Base.
At 9,17-20	1. Imposição das mãos, Batismo, cura e pregação. 2. Visitas aos doentes e atendimento espiritual, bênção, cura, Batismo, pregação (pastoral da saúde e pastoral da criança).
Cl 3,16-17	1. Vivência da Palavra, instrução e aconselhamento, salmodia, ação em nome de Jesus, ação de graças. 2. Reza, sinal da cruz em várias ocasiões, orientação das pessoas, recitação dos salmos, cultos e missas.
1Ts 5,12-16	1. Respeito aos líderes, vivência pacífica, correção dos que erram, prática do bem. 2. Consideração e apoio, fraternidade, aconselhamento e encorajamento das pessoas ao bem.
Tt 3,13-14	1. Prática do bem, atendimento às necessidades urgentes, vida voltada ao bem. 2. Ajuda fraterna, socorro às vítimas de acidentes e tragédias, campanhas contra a fome, o frio e as doenças.
Tg 1,27	1. Vivência prática da fé, socorro dos pobres, combate à corrupção. 2. Visita aos pobres, conhecimento da ação dos vicentinos, Legionários de Maria, testemunho de vida íntegra.

Tg 2,2-5	1. Condenação da discriminação entre ricos e pobres, não julgamento pelas aparências. 2. Acolhimento e participação nos cultos e celebrações, não discriminação por motivos de raça, religião...
Tg 5,13-16	1. Reza e canto com os irmãos, bênção dos enfermos, perdão dos pecados. 2. Organização de grupos de oração e celebrações da vida, celebração de aniversários, festas familiares, conforto aos doentes.

Vivência

Vamos nos preparar para realizar um estágio de conhecimento das atividades realizadas em nossa comunidade. Na Igreja, há muitos sinais da ação amorosa de Deus com os sofredores. Os serviços e setores da Igreja que visam cuidar das pessoas e da evangelização chamam-se pastorais porque são a ação dos pastores (como Jesus) que cuidam das ovelhas (as pessoas).

Motive os catequizandos a procurar, na comunidade e na paróquia, pessoas que trabalham nas pastorais da criança, da saúde, da terceira idade, da mulher marginalizada, dos encarcerados... a fim de saber o que fazem para amar como Jesus amou. Todos somos responsáveis pelo bem da Igreja.

A equipe coordenadora, em diálogo com o grupo, propõe a tarefa de observação e de acompanhamento dos grupos contatados. Cada membro receberá um roteiro preparado pela equipe de animação catecumenal. Possivelmente, o estágio será realizado em duplas.

Oração

Celebração do envio

Preparar cartazes sobre algumas pastorais da comunidade, tendo ao centro da mesa a Sagrada Escritura, um círio e velas para cada participante. Enrolar vários pedaços de barbante e fazer uma corda forte.

Comentarista: *Somos chamados a nos compromissar com o Reino, a formar comunidade de fé, unida na caridade do gesto concreto até a doação da própria vida.*

Canto (sobre o Reino, sobre o compromisso dos cristãos).

Passar a corda de mão em mão. Cada um, por sua vez, reza se comprometendo a ajudar os irmãos a enfrentar as dificuldades.

Comentarista: *O cristão é sal e luz do mundo. A ressurreição ilumina os corações desesperançados. Cada um de nós é convocado a levar adiante a luz de Cristo, a não escondê-la, mas fazê-la brilhar em sua família, no trabalho, junto aos amigos e no compromisso de transformar a sociedade.*

Cada um se dirige ao círio, recebe uma vela e a acende.

Proclamar: *Mt 5,13-16 – Vós sois o sal da terra e a luz do mundo.*

Apagam-se as velas, comenta-se brevemente a Palavra e em seguida fazem-se algumas preces:[2]

Leitor 1: *Enviai operários para a vossa messe.*

Todos: *Para que o vosso nome seja enaltecido entre os povos.*

Leitor 2: *Enviastes os discípulos para pregarem o Evangelho.*

Todos: *Ajudai-nos a proclamar a vitória da cruz.*

Leitor 1: *Fazei-nos dóceis à pregação dos apóstolos.*

Todos: *E identificados com a verdade de nossa fé.*

Leitor 2: *Hoje nos chamais para o vosso serviço em favor dos irmãos.*

Todos: *Fazei-nos ministros da vossa verdade.*

Leitor 1: *A graça do Espírito Santo inspire nossos lábios e corações.*

---

[2] *Ritual de Bênçãos*, nn. 369-371.

Todos: *Para que sempre permaneçamos em vosso amor e louvor.*

Catequista: *Dignai-vos, Senhor, confirmar em seu propósito, com o vosso amor, estes vossos filhos e filhas que querem anunciar o Evangelho, para que se esforcem por instruir os seus irmãos em tudo que aprenderem com a meditação da vossa Palavra e juntamente com eles alegremente vos sirvam. Por Cristo, nosso Senhor.*

Todos: *Amém.*

Catequista: *O Deus que Cristo manifestou a verdade e a caridade vos faça testemunhas do Evangelho e do seu amor no mundo.*

Todos: *Amém.*

Catequista: *O Senhor Jesus, que prometeu à sua Igreja estar a seu lado até a consumação dos séculos, confirme as vossas obras e palavras.*

Todos: *Amém.*

Catequista: *O Espírito do Senhor esteja sobre vós, para que possais ajudar os ministros de sua palavra.*

Todos: *Amém.*

Catequista: *Abençoe-nos o Deus todo-poderoso, Pai e Filho e Espírito Santo.*

Todos: *Amém.*

17º encontro

A oração do Pai-Nosso

Objetivo

Aprender a rezar como Jesus, a fim de fazer a vontade do Pai: que todos sejamos irmãos.

Reflexão

Proclamar: *Lc 11,1-4 – Senhor, ensina-nos a orar.*

A oração do Pai-Nosso é uma das melhores formas de o cristão se relacionar com Deus. Seu ponto de partida é o próprio Jesus Cristo rezando ao Pai. Ela traduz a identidade do cristianismo, pois comunica o jeito de ser e de agir de Deus no mundo e na vida das pessoas, ensinado pelo Filho-Irmão.

Na versão de Lucas, o Pai-Nosso é uma oração pessoal e ao mesmo tempo comunitária. Podemos dividi-la em seis passos:

- No *primeiro passo*, reconhece-se a paternidade de Deus, somente perceptível na fé. O próprio Cristo inaugura, no âmbito da experiência religiosa, o relacionamento filial com Deus, ao dirigir-se a ele na condição de Pai de forma pessoal, singular e inédita. Jesus ensina que a paternidade de Deus é extensiva a todos e, por conseguinte, todos somos irmãos e irmãs. "Antes de fazer nossa esta primeira invocação da Oração do Senhor, convém purificar humildemente nosso coração [...]. A purificação do coração diz respeito às imagens paternas ou maternas oriundas de nossa história pessoal e cultural, e que influenciam nossa relação com Deus. Deus nosso Pai transcende as categorias do mundo criado. Transpor para ele, ou contra ele, nossa ideias neste campo seria fabricar ídolos, para adorar ou para demolir. Orar ao Pai é entrar em seu mistério, tal qual ele é, e tal como o Filho no-lo revelou. Podemos invocar a Deus como 'Pai porque ele nos foi revelado por seu Filho feito homem e seu Espírito no-lo dá a conhecer [...]. A primeira palavra da Oração do Senhor é uma bendição de adoração, antes de ser uma imploração. Pois a Glória de Deus é que nós o reconheçamos como 'Pai', Deus verdadeiro. Rendemos-lhe graças por nos ter revelado seu nome, por nos ter concedido crer nele e por sermos habitados por sua presença."[1]

- No *segundo passo*, reconhece-se a santidade de Deus. Ela não é algo meramente teórico, mas sim o compromisso do cristão de fazer com que sua vida seja sinal da santidade de Deus-Pai. Só Deus é santo e princípio de toda experiência de santidade. Por isso, ao criar o ser humano como filho e filha, conferiu-lhe a possibilidade de participar da sua santidade.

- No *terceiro passo*, pede-se que venha o Reino de Deus-Pai. Não se trata de adotar uma posição de passividade. Desejar aqui é esperar fazendo com que o Reino vá acontecendo de forma progressiva e construtiva. No coração da oração está o compromisso com o Reino, como conteúdo inseparável da oração do cristão.

- No *quarto passo*, pede-se o pão de cada dia. Ele tem um significado amplo: é algo que sustenta a vida humana, tudo aquilo que é necessário para a sobrevivência do ser humano de forma digna.

---

[1] *Catecismo da Igreja Católica*, nn. 2779-2781.

- No *quinto passo*, pede-se o perdão a Deus-Pai. Ele acontece à medida que o cristão é capaz de reconhecer o seu pecado e confiar na infinita misericórdia divina. Também está vinculado ao perdão que ele dá àqueles que o tenham ofendido, ou seja, aos seus devedores.

- No *sexto passo*, pede-se que não caiamos em tentação. A tentação pode ser entendida como a não aceitação e o não comprometimento com o projeto do Reino de Deus-Pai. Dessa tentação derivam todas as outras que nos afastam da proposta de Jesus Cristo.

Encontramos também uma versão mais ampla do Pai-Nosso elaborada na comunidade de Mateus (cf. Mt 6,9b-15). Ela, um pouco adaptada, passou a ser rezada na celebração eucarística da Igreja. Notamos alguns elementos novos em comparação com a oração de Lucas:

- A afirmação de que o Pai é *nosso*, ou seja, a sua invocação tem um sentido comunitário, familiar, coletivo, o qual quer expressar um conteúdo de fé que deverá ir amadurecendo na consciência do cristão.

- Diz *que [ele] está nos céus*. É uma maneira de reafirmar que a presença de Deus é sempre misteriosa, oculta e, por isso, só é perceptível pela via da fé. Os céus são a morada de Deus por indicar sua absoluta transcendência em relação a nós, que temos a terra como nossa morada. O sentido é que ele está acima de todas as coisas, porque é o Criador de tudo. Essa diferença entre o Criador e as criaturas é um ensinamento fundamental em toda a Bíblia e não significa uma distância geográfica. O Deus-Criador-Pai não se confunde com as criaturas por ele criadas. Daí a afirmação de que ele está nos céus.[2]

- Fala da *vontade* de Deus-Pai, a qual deve começar a ser feita tanto na terra como no céu. Quem reza ao Pai deve estar sintonizado com a sua vontade e não com "vontades"

---

[2] Aprofundar o tema lendo: *Catecismo da Igreja Católica*, nn. 2794-2796.

mesquinhas, egoístas, interesseiras. A vontade do Pai começa na terra à medida que somos capazes de assumi-la e praticá-la. A terra (morada do ser humano) em hipótese alguma está separada do céu (morada de Deus-Pai). Os dois termos céu e terra querem traduzir a totalidade da realidade, para então poder dizer que Deus habita a totalidade do mundo, sua criação. A vontade do Pai é que o Reino seja a ligação ou sinal de que a terra pertence ao céu e este pertence à terra. O céu e a terra, isto é, a totalidade da criação, pertencem a Deus e foram colocados à disposição do ser humano. Todo esse projeto deve ser guiado conforme a vontade do Pai, a qual começa na terra, pois o Reino tem o seu início no tempo e no espaço da história construída pelo ser humano. No entanto, o Reino tem como meta sua realização definitiva na plenitude do céu. A morada de Deus-Pai será, então, a morada de todos os seus filhos e filhas, sendo a consumação do Reino a configuração definitiva da família do único Pai de todos. Jesus Cristo é para o cristão o único que fez o caminho de perfeita configuração à vontade do Pai: "Jesus, *embora fosse Filho, aprendeu, contudo, a obediência pelo sofrimento* (Hb 5,8). Com quanto maior razão nós, criaturas e pecadores, que nos tornamos nele filhos adotivos. Pedimos ao nosso Pai que una nossa vontade à de seu Filho para realizar sua vontade, seu plano de salvação para a vida do mundo. Somos radicalmente incapazes de fazê-lo; mas, unidos a Jesus e com a força de seu Espírito Santo, podemos entregar-lhe nossa vontade e decidir-nos a escolher o que seu Filho sempre escolheu: fazer o que agrada ao Pai. Pela oração é que podemos *discernir qual é a vontade de Deus* (Rm 12,2; Ef 5,17) e obter *a perseverança para cumpri-la* (Hb 10,36). Jesus nos ensina que entramos no Reino dos Céus não por palavras, mas *praticando a vontade de meu Pai, que está nos céus* (Mt 7,21). *Se alguém faz a vontade de Deus, a este Deus escuta* (Jo 9,31)."[3]

---

[3] *Catecismo da Igreja Católica*, nn. 2825-2827.

VIVÊNCIA

"Renato era um garotinho de seis anos de idade. Todos os seus colegas de escola tinham irmãos ou irmãs; só ele era filho único. Por outro lado, possuía brinquedos que causavam inveja nos amigos. O pai, a mãe e os avós estavam sempre presentes em tudo o que acontecia na escola e ele era cercado de amor e atenção.

Um dia, o pai de Renato ia saindo para o trabalho de manhã e ouviu um choro junto ao saco de lixo da calçada. Era um bebê abandonado. Depois de todas as providências possíveis, não apareceu nenhuma pista da origem da criança e a família a adotou. Um berço foi colocado no quarto de Renato e metade do armário de brinquedos foi desocupada para as coisas do irmãozinho.

Depois de alguns meses, dois gêmeos foram deixados na porta e também foram adotados. Então o "quarto de Renato" desapareceu e só se dizia: "Lá no quarto dos meninos". As duas avós assumiram o cuidado da casa para que os pais fossem trabalhar, e Renato era chamado a toda hora para dar a chupeta a um, trazer a fraldinha de outro e pegar o brinquedo que um terceiro havia jogado longe.

Naquela cidade, notícias voavam como aves e o caso das adoções logo ficou famoso. De repente, mais e mais crianças foram aparecendo, umas pequenas, outras grandes, meninos e meninas, alguns até mais velhos do que Renato.

Todo mundo chamava a mãe de Renato de "mãe" e o pai de "pai". Quando alguém gritava: "Papai chegou", todos corriam ao mesmo tempo e cada um queria ser abraçado primeiro. Muitas vezes, ao redor da mesa, na hora da refeição, Renato ficava longe porque não havia espaço para todos pertinho dos pais. Era então que um olhar protetor procurava o dele e dois olhos iluminados derramavam tanto amor no coração do menino que ele juntava as mãos e começava com voz clara e forte a oração familiar: Pai nosso, que estais no céu... E todos os irmãos o acompanhavam."[4]

---

[4] EQUIPE DE ANIMAÇÃO BÍBLICO-CATEQUÉTICA DO REGIONAL CENTRO-OESTE. *Viver em Cristo*; caminho da fé com adultos. São Paulo, Paulinas, 2006. p. 69.

Ao longo da semana nosso mantra, nosso refrão meditativo, será: "Venha a nós o vosso Reino, seja feita a vossa vontade". Será a maneira concreta de percebermos que os nossos interesses devem ceder para a urgência do Reino. Deus, nosso Pai, nos ajudará a conquistar a felicidade e o bem, que nem sempre coincidem com nossos desejos imediatos.

Oração

Cantar a oração do Pai-Nosso.

18º encontro

Explicação do Creio[1]

Individualmente, motive os catequizandos a redigirem um credo pessoal, que reflita aquilo em que eles mais creem neste mundo.

Depois, em pequenos grupos, a partir do creio de cada um, deverão compor o creio do grupo.

Fazer o plenário com a leitura e comentário das várias expressões de fé na vida e em Deus.

Queremos ajudar a passar ao coração tudo aquilo que cremos e muitas vezes fica só em nossa cabeça. Quando algo entra em nosso coração, o tomamos como nosso, e isso nos incita. Reze com o Creio e descubra muitas coisas que servirão para introduzir a fé cristã em seu íntimo, de modo que acabe se tornando realmente sua. Para isso, propomos a você que siga cada uma das afirmações do Creio, na qual, há muitos séculos, a Igreja recolheu tudo o que é mais importante de sua fé.

Nos primeiros séculos, os que pediam para ser cristãos se preparavam durante algum tempo para receber o Batismo. Dentre outras coisas, era-lhes explicado o Creio, ou seja, os tesouros que a fé em Jesus contém. A seguir, eles o proclamavam diante de todos os cristãos para expressar que a crença deles era exatamente igual à da comunidade que os recebia. No século III já há documentos escritos que nos transmitem o Creio mais antigo.

---

[1] Transcrição livre de: AZEVEDO, Walter Ivan. *Explicação do Creio e do sacramento da Crisma*. São Paulo, Paulinas 2012.

Creio em Deus Pai Criador

Deus é todo-poderoso. Bastou querer, e tudo apareceu. Desde o início da criação, Deus colocou na natureza um conjunto de leis, uma força pela qual foram formando-se aos poucos os astros e, na terra, as montanhas, os rios, as cachoeiras. Surgido o primeiro ser vivo, dele formaram-se por evolução – também esta uma lei criada por Deus – as plantas, os animais, o homem. No ser humano, fez surgir a inteligência para descobrir por si mesmo essas leis da natureza; e a vontade para praticar o amor e a solidariedade para com todos os seres e, assim, participar da sua felicidade.

Os cientistas foram descobrindo que o mundo e o universo tiveram um começo. Esse começo foi obra de Deus. Com uma finalidade: a harmonia entre todos os seres como fonte de felicidade.

Deus é Amor. Deus nos criou à sua imagem e semelhança. O pecado foi obra do ser humano. É a negação do amor e fonte de infelicidade para todos. A Bíblia, que não pretende ensinar verdades científicas, traz a narração simbólica da história de Adão e Eva, Caim e Abel. É a história de todos nós: no pecado de Adão e Eva estão representados nosso orgulho, rebeldia, egoísmo e desamor. No de Caim, a nossa inveja, ódio e violência.

Creio em Jesus Cristo, seu único Filho

Jesus é homem como nós. Recebeu corpo e alma humanos, trabalhou com mãos humanas na oficina de Nazaré, amou-nos com coração humano. Por isso, experimentou as emoções, sentiu fome, sede, frio e cansaço; e até mesmo medo diante da morte. Mas superou esse medo ao aceitar a vontade do Pai (veja Mc 14,36). Ao mesmo tempo declarou e mostrou que é Deus. Um só Deus como e com o Pai. Demonstrou isso não só pelos numerosos milagres, mas pela sabedoria de sua doutrina e pela sua própria ressurreição.

Pela fé acreditamos que aquele homem pobre, humilde e aparentemente fraco, descrito pelos Evangelhos, é realmente o Filho de Deus, conforme o próprio Pai o declarou no momento do Batismo de João e da transfiguração (veja Mc 1,9-11 e 9,7).

Nasceu de Maria Virgem

Quando a Virgem Maria respondeu ao anjo Gabriel: "Sim, eu quero o que Deus quer. Faça-se em mim a sua vontade", aconteceu o estupendo mistério da *Encarnação*: o Filho de Deus se fez homem no seio de Maria Santíssima (veja Lc 1,26-38).

Desde o início da Igreja, os cristãos reconheceram essa verdade da *maternidade divina de Maria*, mais tarde definida solenemente no Concílio de Éfeso, no ano 431. Mistério intimamente ligado ao da Encarnação do Filho de Deus.

Mas é também Mãe da Igreja, do povo de Deus. Apesar de tanta dignidade: mãe e virgem ao mesmo tempo, protetora materna e rainha do povo de Deus, ela não está longe de nós. Sua fé, humildade, seu trabalho de ajuda ao próximo, qualquer pessoa pode imitar. Na Ave-Maria, nós recordamos o mistério da maternidade divina pela repetição das palavras proferidas pelo anjo e por Isabel.

Padeceu sob Pôncio Pilatos, foi crucificado, morto e sepultado

Por que os inimigos procuravam matar Jesus? Porque ensinava o contrário do que eles praticavam. A sua vida honesta, pura, livre e autêntica incomodava-os como um espinho na consciência e funcionava como uma acusação constante ao procedimento deles. Mas também o odiavam por inveja. Sua bondade e seus ensinamentos atraíam as multidões. Cheios de medo de perder seu prestígio religioso e político, resolveram matá-lo. Por isso, ficaram muito contentes quando Judas apresentou-se a eles, propondo entregá-lo em troca de dinheiro.

Os personagens históricos que aparecem na narração de sua paixão e morte, Anás e Caifás, Pilatos e Herodes, atestam quanto imoral e ilegal foi seu julgamento por parte dessas pessoas. Os sumos sacerdotes, por ódio, e Pilatos, por medo de perder as boas graças do Imperador Tibério, o condenaram à morte.

Ao ser executado, porém, Jesus deixou dois magníficos exemplos da grandeza de seu coração de Homem-Deus: "Pai, perdoai-lhes, porque não sabem o que fazem!", e ao ladrão arrependido: "Hoje mesmo estarás comigo no Paraíso".

Ressuscitou ao terceiro dia

Jesus está vivo. Como havia predito, ressuscitou e apareceu várias vezes aos discípulos. A ressurreição de Jesus é a base da nossa fé. São Paulo afirma com convicção: "Se Jesus não tivesse ressuscitado, nossa fé seria inútil. Seríamos os seres mais infelizes deste mundo. Cristo ressuscitou. Essa é a garantia da nossa fé" (cf. 1Cor 15,17-20).

Graças à ressurreição de Jesus, nossa vida não é um beco sem saída, como é para os que não acreditam em nada depois da morte. Apostamos na certeza da vida eterna. Os cristãos são pessoas cheias de esperança. Para nós, a morte não é o fim de tudo. É um acontecimento provisório, pois a ressurreição de Cristo garante a nossa futura ressurreição, se lhe formos fiéis, como ele mesmo anunciou. Ela não permite a ninguém o desespero.

Subiu ao céu, donde há de vir para nos julgar

Desde que Jesus subiu ao céu, sua humanidade tornou-se presente junto ao Pai em corpo e alma. Assim, na pessoa dele, nossa humanidade, libertada do pecado, participa da família de Deus, a Santíssima Trindade.

Revela que, por meio da Igreja, ele veio salvar a todos os seres humanos que aderirem aos seus ensinamentos, sem distinção de nações, raças, línguas e condições de vida: "Ide, pois, fazer discípulos entre todas as nações" (Mt 28,19).

Revela-nos que ser discípulo de Jesus não quer dizer ser aluno. É ser seguidor de Jesus, imitador de seus atos e atitudes, ser fiel em transmiti-los aos outros com o testemunho da própria vida.

A frase "está sentado à direita do Pai" não significa que Jesus ocupa um lugar, um trono, mas que assumiu a condição de Mediador entre nós e o Pai. De fato, como Deus, ele é igual ao Pai, com a mesma honra, poder e autoridade. Como homem é igual a nós, fala e intercede em nome de todos nós.

Jesus julgará no fim dos tempos os nossos procedimentos secretos, pois "Não há nada de oculto que não venha a ser revelado, e não há nada de escondido que não venha a ser conhecido" (Lc 12,2).

Julgará também o que fizemos de bom e de mal para os outros, pois é a Jesus mesmo que o fazemos: "Todas as vezes que fizestes isso a um destes mais pequenos, que são meus irmãos, foi a mim que o fizestes!" (Mt 25,40). Leia o trecho todo de Mateus 25,31-46.

Creio no Espírito Santo

Igual ao Pai e ao Filho, o *Espírito Santo* pertence à mesma natureza do único Deus. Manifestou-se diversas vezes na vida de Jesus.

Por obra dele, Jesus foi concebido no seio puríssimo da Virgem Maria: "Maria, então, perguntou ao anjo: 'Como acontecerá isso, se eu não conheço homem?' O anjo respondeu: 'O Espírito Santo descerá sobre ti'" (Lc 1,35).

No Batismo de Jesus no rio Jordão, o Espírito Santo manifestou-se em forma de pomba para consagrá-lo à sua missão de Salvador.

Na Transfiguração de Cristo sobre o monte Tabor, surgiu em forma de nuvem luminosa; e como fogo sobre os apóstolos no dia de Pentecostes.

Isso não quer dizer que se encarnou numa pomba ou transformou-se em nuvem ou fogo. Como é Espírito sem corpo material, escolheu essas três coisas como sinais da sua presença. Assim, os principais mistérios da vida de Jesus realizaram-se pela intervenção do Espírito Santo.

E o que faz hoje o Espírito Santo na vida da Igreja, povo de Deus? Vivifica, une e rejuvenesce a Igreja, por isso, é chamado "alma da Igreja". Por ele, a Igreja manifesta-se ao mundo.

... na Santa Igreja Católica

Pelo Batismo somos filhos de Deus, membros do povo de Deus, para que assim o humano possa participar do divino, o visível do invisível, o que é terreno do que é sobrenatural.

A Igreja, povo de Deus, é como um organismo: nela existe uma vida que, partindo de Deus, percorre os membros que a compõem. É o que Jesus ensina com a comparação da videira (cf. Jo 15,5-6). "Eu sou a videira e vós, os ramos." Assim como os ramos enchem-se de folhas, flores e frutos pela seiva que vem do tronco e distribui-se a todos, da mesma forma uma vida divina corre na existência de quem está unido a Cristo, como corre a seiva na videira. Sem essa união, somos ramos mortos e secos.

São Paulo vai mais além: nossa união com Cristo é como da cabeça com o corpo. Assim como é impossível um corpo continuar a viver separado da cabeça, também nós, cristãos, não seremos Igreja nem alcançaremos a salvação separados de Cristo e de quem o representa. Não somos apenas um grupo reunido em torno de Jesus ou de seus representantes, como se faz com um líder, pelo simples entusiasmo por suas ideias. Nossa união com ele é vital: dele, como da cabeça, é que vem a vida sobrenatural que nos vivifica como Corpo Místico, sobrenatural.

Para isso, na celebração eucarística, depois do relato da instituição da Eucaristia, o Espírito Santo é de novo invocado pelo presidente da celebração com palavras como estas: "E quando recebermos pão e vinho, o Corpo e Sangue dele oferecidos, o Espírito nos una num só corpo para sermos um só povo em seu amor".

Tudo isso, cristão, leva você a concluir que faz parte da Igreja. Feita de pessoas, não de tijolos. Unidos em comunhão, isto é, numa união íntima de intenções e de corações.

Creio na comunhão dos santos

Comunhão é comum união, união de todos. Santos é a palavra usada por São Paulo para indicar os cristãos: chamados santos, porque consagrados a Deus (cf. Rm 1,7; 1Cor 1,12; 2Cor 8,4).

A Igreja é uma grande família. Seus membros estão em três situações: os que estamos em peregrinação sobre a terra, os que estão em purificação e os que já alcançaram a glória no céu.

Aos que já estão no céu – Maria Santíssima, os santos que se salvaram –, nós damos louvor, imitação e súplica. E eles, com o mesmo amor que os distinguiram na terra, intercedem por nós.

Aos que estão em estado de purificação, que chamamos de Purgatório, nós mandamos sufrágios com missas e orações. Eles, por sua vez, intercedem por nós, porque têm o céu garantido.

... na remissão dos pecados

Esse mistério revela-nos a misericórdia de Deus. O pecado é a negação do amor. É voltar as costas para Deus e para os outros. É escolher a nós mesmos e as coisas deste mundo, colocando-as acima de Deus. Deus não tem prazer na morte do pecador. Deus "quer que ele mude de conduta e viva" (cf. Ez 33,11).

Na vida de Jesus aparecem muitos episódios que demonstram seu grande amor e misericórdia, perdoando. Basta lembrar como ele tratou o avarento Zaqueu, a adúltera, o paralítico, Madalena e o ladrão (cf. Lc 19,8-9; Jo 6,3-11; Mt 9,2-8; Lc 7,36-50 e 23,43).

Mas agora que Jesus subiu ao céu, como faremos para alcançar o seu perdão? Ele criou o jeito. Depois de sua ressurreição, aparecendo aos apóstolos reunidos, disse: "Os pecados daqueles que vocês perdoarem, serão por mim perdoados" (cf. Jo 20,22). Estava instituindo o sacramento da Penitência.

... na ressurreição da carne e na vida eterna

Jesus disse, falando da Eucaristia: "Quem se alimenta com a minha carne e bebe o meu sangue tem a vida eterna, e eu o ressuscitarei no último dia" (Jo 6,54).

O cristão é homem de esperança. Caminha neste mundo com segurança, porque se baseia na palavra de Cristo, que não volta atrás. O céu é um "viver em Deus", em comunhão completa com ele. A felicidade eterna é a realização completa de nós mesmos, na posse do Bem supremo. E o inferno? É o terrível estado de viver eternamente sem amor. A separação eterna da felicidade.

O pecador, se não mudar de vida enquanto é tempo, retira-se voluntariamente da comunhão com Deus e com os outros. Está escolhendo para si esse final tão infeliz. "Quem não ama, permanece na morte" (1Jo 3,14). A felicidade futura constrói-se agora. Tudo o que fazemos de bom para os outros é semente de ressurreição.

Vivência

"Precisamos de uma Igreja para confirmar a nossa fé e fazer experiência dos dons de Deus: a sua Palavra, os Sacramentos, o apoio da graça e o testemunho do amor. Assim o nosso 'eu' no 'nós' da Igreja poderá sentir-se, ao mesmo tempo, destinatário e protagonista de um evento que o supera: a experiência da comunhão com Deus, que funda a comunhão entre os homens. Num mundo no qual o individualismo parece regular as relações entre as pessoas, tornando-as cada vez mais frágeis, a fé chama-nos a ser Povo de Deus, a ser Igreja, portadores do amor e da comunhão de Deus por todo o gênero humano."[2]

---

[2] Bento XVI. "A fé da Igreja: nossa fé é verdadeiramente pessoal somente se é também comunitária". Audiência 31/10/2012. In: DARIVA, Noemi. *Celebrando a fé com as palavras do Papa Bento XVI em seus Discursos e Audiências*. São Paulo, Paulinas, 2013, p. 73.

Celebração

Entrega do Creio e do Pai-Nosso

"A comunhão na fé precisa de uma linguagem comum da fé, normativa para todos e que una na mesma confissão de fé. Desde a origem, a Igreja apostólica exprimiu e transmitiu sua própria fé em fórmulas breves e normativas para todos."[1] O conteúdo afirmativo daquilo que se crê pela via da compreensão doutrinária foi sendo elaborado durante séculos pela Igreja. O Símbolo é o Credo ou as verdades de fé definidas pela Igreja e propostas para todos os que queiram fazer o caminho de Jesus Cristo nas comunidades cristãs. "Esse Símbolo da fé não foi elaborado segundo as opiniões humanas, mas da Escritura inteira recolheu-se o que existe de mais importante, para dar, na sua totalidade, a única doutrina da fé."[2]

As verdades de fé não são acidentais, casuais ou periféricas. Elas constituem a base do edifício da fé. O Símbolo é composto dos chamados artigos de fé, os quais vão definindo a identidade do Deus cristão, a mediação da Igreja para crer nele e o modo como o cristão deve professar e praticar a sua fé. "Chamam-se 'Credo' em razão da primeira palavra com que normalmente começam: 'Creio'. Denominam-se também 'Símbolos da fé'. A palavra grega *symbolon* significava a metade de um objeto quebrado (por exemplo, um sinete), que era apresentada como sinal de reconhecimento. As partes quebradas eram juntadas para se verificar a identidade do portador. O 'Símbolo da fé' é, pois, um sinal de reconhecimento e de comunhão entre os crentes. *Symbolon*

---

[1] *Catecismo da Igreja Católica*, n. 185.
[2] Ibid., n. 186.

passa em seguida a significar coletânea, coleção ou sumário. O 'Símbolo da fé' é a coletânea das principais verdades da fé."[3]

Ao mesmo tempo em que Igreja professa a fé através do Símbolo ou do Credo, ela também celebra tal fé através da oração, do culto dominical que é a celebração da Eucaristia. Essa é outra dimensão importante do Credo. Por isso, em todas as missas dominicais a comunidade renova sua fé através da chamada profissão de fé. Assim, a Igreja crê naquilo que ela celebra e, por sua vez, celebra o conteúdo daquilo que ela crê. Cada membro da comunidade vai aprendendo sobre o conteúdo da fé e, simultaneamente, vai celebrando o significado desse conteúdo.

Um dos papéis da celebração dominical da Eucaristia na comunidade é conduzi-la a uma experiência espiritual por meio de um método catequético. A Eucaristia é a oração por excelência da Igreja. Através dessa oração, sempre inspirada e iluminada pela Palavra de Deus, o cristão transforma a fé doutrinária que vai aprendendo em um compromisso. A fé é professada e celebrada pela Igreja como sendo um caminho da vida cristã ligado à realidade pessoal e comunitária. Ao longo de sua caminhada, o cristão deverá alcançar esse momento no qual é capaz de perceber a relação profunda entre fé professada, fé celebrada e fé vivida. A partir desse momento decisivo, a Igreja poderá lhe entregar o Credo, que é o Símbolo, ou seja, o sentido mais profundo e comprometedor de sua fé. Ao receber o Símbolo da fé da Igreja, o cristão é desafiado a continuar sua caminhada fazendo dele um compromisso de vida a serviço da transformação do mundo e da história na direção do projeto do Reino de Deus.

Celebração

Depois da catequese sobre o Pai-Nosso, é hora de celebrar a entrega do símbolo e a Oração do Senhor. Convém que a celebração seja feita na presença da comunidade dos fiéis depois da liturgia da Palavra na missa (cf. *RICA*, nn. 181-192, 302).

---

[3] Ibid., nn. 187-188.

Liturgia da Palavra com homilia

Quem preside, baseado no texto sagrado, expõe o significado e a importância do Símbolo para a catequese e a profissão de fé, que deve ser proclamada no Batismo e praticada durante toda a vida.

Entrega do Símbolo

RICA 186: Depois da homilia, **o diácono ou um catequista** diz:

Aproximem-se os catecúmenos para receberem da Igreja o Símbolo da fé.

Quem preside dirige aos eleitos estas palavras ou outras semelhantes:

Caríssimos catecúmenos, agora vocês escutarão as palavras da fé pela qual vocês serão salvos. São poucas, mas contêm grandes mistérios. Recebam e guardem essas palavras com pureza de coração.

Quem preside começa o Símbolo, dizendo:

Creio em Deus,

e continua sozinho ou com a comunidade dos fiéis:

Pai todo-poderoso...

Oração sobre os catecúmenos

RICA 187: O diácono ou outro ministro convida os catecúmenos a se ajoelharem. **Quem preside** diz, com estas palavras ou outras semelhantes:

Oremos pelos nossos catecúmenos e crismandos: que o Senhor nosso Deus abra os seus corações e as portas da misericórdia para que possam receber nas águas do Batismo e nas lágrimas da Penitência o perdão de todos os seus pecados e a alegria de viver sempre em Cristo.

Todos: *Amém.*

Quem preside, com as mãos estendidas sobre os candidatos, reza:

Senhor, fonte da luz e da verdade, imploramos vosso amor de Pai em favor destes vossos servos, purificai-os e santificai-os; dai-lhes verdadeira ciência, firme esperança e santa doutrina para que se tornem dignos da graça do Batismo (que já receberam ou que vão receber). Por Cristo, nosso Senhor.

Todos: *Amém.*

De forma semelhante, quem preside poderá entregar a oração do Pai-Nosso, recomendada pelo *RICA*, nn. 86, 188-189, 191-192. Sugerimos que a entrega seja feita antes dessa oração durante a missa.

A oração do Reino

Já nas suas origens a Igreja colocou o Pai-Nosso como a oração inspiradora de todas as outras formas de oração, através das quais podemos nos dirigir a Deus. Em todas as missas, a Igreja convida os seguidores de Jesus Cristo a renovar sua vida através da oração do Pai-Nosso. A celebração da Eucaristia tem como conteúdo o projeto do Reino de Deus-Pai, o qual é também o conteúdo determinante da oração do Pai-Nosso. Esse pão, que é fruto da terra e do trabalho do homem, é consagrado e transformado em corpo de Jesus Cristo. "Na liturgia eucarística a Oração do Senhor aparece como a oração de toda a Igreja. Nela revela-se seu sentido pleno e sua eficácia. Colocada entre a anáfora (Oração Eucarística) e a liturgia da comunhão, ela recapitula por um lado todos os pedidos e intercessões expressas no movimento da epiclese (bênção do pão e do vinho), e por outro bate à porta do festim do reino que a comunhão sacramental vai antecipar."[4]

É nesse momento celebrativo-cúltico-orante que a comunidade vai amadurecendo na fé, no amor e na esperança a consciência do significado da relação entre o pão de cada dia e o Pão Eucarístico. A comunidade vai aprendendo que o pão cotidiano é inseparável da Eucaristia, Pão da vida eterna e, vice-versa, o Pão vivo descido do céu é inseparável de todas as necessidades humanas diárias. "No Batismo e na Confirmação, a entrega (traditio) da Oração do Senhor

---

[4] *Catecismo da Igreja Católica*, n. 2770.

significa o novo nascimento para a vida divina. Já que a oração cristã consiste em falar a Deus com a própria Palavra de Deus, os que são regenerados mediante a Palavra de Deus (1Pd 1,23) aprendem a invocar seu Pai mediante a única Palavra que ele sempre atende. E já podem invocá-lo desde agora, pois o Selo da Unção do Espírito Santo foi-lhe colocado, indelevelmente, sobre o coração, os ouvidos, os lábios, sobre todo o seu ser filial [...]. Quando a Igreja reza a Oração do Senhor, é sempre o povo dos 'renascidos' que reza e obtém misericórdia."[5]

---

[5] Ibid., n. 2769.

19º encontro

Exclusão social

OBJETIVO

Conscientizar os crismandos da importância da política e da cidadania na vida pessoal e comunitária.

REFLEXÃO

Fazer um levantamento das principais causas da desigualdade social. Apresentar, em cartazes, as reflexões do grupo. A coordenação poderá mostrar artigos de jornais e revistas que destacam o aumento da pobreza, favelas, discriminação contra negros, índios, crianças abandonadas, sofredores de rua etc.

Proclamar: *Mt 25,31-46 – Senhor, quando foi que te vimos com fome ou com sede, forasteiro ou nu, doente ou preso.*

A figura ilustra a má distribuição da riqueza nacional, que gera desigualdade social e promove a exclusão de grande parcela da sociedade. Pesquisas revelam que 10% da população possuem 50% da riqueza nacional; 50% da população possuem 40% da riqueza; 20% da população possuem 10% da riqueza e 20% da população vivem na faixa da miséria.[1] O Brasil se coloca como um dos campeões da desigualdade social no mundo, segue a lógica "dos ricos cada vez mais ricos à custa dos pobres cada vez mais pobres" (João Paulo II).

Antigamente se falava de pobres e de minorias que não se adaptavam ao sistema capitalista. Hoje, já é possível medir e chegar à triste conclusão de que há populações inteiras que não têm nem terão acesso aos bens necessários para uma vida digna (trabalho, moradia, transporte, educação, saúde, lazer...). Essas populações contam muito pouco para a manutenção do sistema; só interessam como consumidores e muitas vezes são chamadas de massas sobrantes.

O capitalismo atual tende a se desligar de compromissos éticos. Até mesmo os países, os Estados, perdem o controle sobre o capital e sua função mediadora do bem comum entre pobres e ricos. Aliciados pela força corruptora do capital, os governos sentem-se incapazes de traçar e concretizar políticas públicas responsáveis por manter o equilíbrio social.

VIVÊNCIA

Ser voluntário significa dar sentido à vida, acreditar no ser humano e saber que vale a pena ajudá-lo a encontrar o seu caminho de dignidade, de cidadania, como gente capacitada a viver na sociedade. Diante da exclusão, podemos assumir várias atitudes. A mais comum delas é o indiferentismo ou fazer de conta que não temos nada com isso. Quando "vivemos e somos para o outro", encontramos nossa identidade, restabelecemos nosso papel no universo e descobrimos o sentido de nossa existência.

---

[1] Cf. O Atlas da Exclusão Social no Brasil. *Época*, 22/1/2003.

Materializamos demais nossas relações porque vivemos em um mundo orientado pelo consumo, pela superficialidade e pela competição. Ser voluntário ou colaborador de um projeto social (ex: ONG) significa dar outro sentido para a vida através de uma ação inteligente de cidadania. É uma ação que produz transformação social e expressa o real seguimento de Cristo.

Motive os catequizandos com as seguintes perguntas ou outras semelhantes: O que podemos fazer para diminuir a exclusão? Você já pensou em fazer uma experiência diferente?

Oração

Comentarista: *Anúncio de um reino justo e benéfico, tempo de felicidade para os pobres e marginalizados. Porque só em Cristo esta expectativa se cumpre perfeitamente, esse salmo é considerado uma profecia messiânica.*

Recitar em dois coros (Sl 72).

Dirigente: *Ó Deus, que destes a todas as nações uma só origem e quisestes congregá-las numa só família, acendei no coração de todos o ardor da vossa caridade e o sincero desejo de um justo progresso, a fim de que os bens que concedeis a todos sirvam à promoção de cada um e, cessada toda discórdia, a equidade e a justiça se firmem na sociedade humana. Por nosso Senhor Jesus Cristo, vosso Filho, na unidade do Espírito Santo.*[2]

Todos: *Amém.*

Dirigente: *A Mãe de Jesus proclama:*

Recitar em dois coros (Lc 1,51-53).

Lado 1: *Ele mostrou a força de seu braço: dispersou os que têm planos orgulhosos no coração.*

---

[2] *Missal Romano*. Oração do dia da missa: pelo progresso dos povos.

Lado 2: *Derrubou os poderosos de seus tronos e exaltou os humildes.*

Todos: *Encheu de bens os famintos e mandou embora os ricos de mãos vazias.*

Dirigente: *Jesus levantou o olhar para os seus discípulos e disse-lhes:*

Recitar em dois coros (Lc 6,20-21.24-25).

Lado 1: *Felizes vós, os pobres, porque vosso é o Reino de Deus!*

Lado 2: *Felizes vós que agora passais fome, porque sereis saciados!*

Lado 1: *Felizes vós que agora estais chorando, porque haveis de rir!*

Lado 2: *Mas ai de vós, ricos, porque já tendes vossa consolação!*

Lado 1: *Ai de vós que agora estais fartos, porque passareis fome!*

Dirigente: *Ó Deus de bondade e poder, que velais sobre todas as criaturas, dai-nos um amor eficaz para com nossos irmãos e irmãs que passam fome, a fim de que sejam saciados e vos possam servir de coração tranquilo. Por nosso Senhor Jesus Cristo, vosso Filho, na unidade do Espírito Santo.*[3]

Todos: *Amém.*

---

[3] Id. Oração do dia da missa: em tempo de fome ou pelos que passam fome.

20º encontro

Defesa da sociedade de direitos

Objetivo

Refletir sobre a defesa dos direitos da pessoa, especialmente dos excluídos, a fim de encarnar o Evangelho na sociedade.

Reflexão

Preparar o ambiente com um galho verde ao lado um galho seco. Distribuir no grupo papéis e canetas. Pedir a cada membro que escreva em três ou mais papéis "sinais de vida" (ex.: cuidar da natureza, visitar orfanatos, asilos, doentes etc.); e em três outros papéis, "sinais de morte" (ex.: drogas, poluição, sequestros, discriminação racial, fome etc.). Depois, cada um vai colar no galho seco os sinais de morte e no galho verde os sinais de vida, podendo comentar o que escreveu.

Em seguida, apresentar a música do Pe Zezinho "Em prol da vida". Motivar os catequizandos a observarem os dois galhos e a pensarem o que cada um deseja para si, para os outros, para a sociedade. Começar perguntando: *Quem são os mais discriminados em nossa sociedade?*

EM PROL DA VIDA

(Pe. Zezinho, scj)

*Diante de ti ponho a vida
e ponho a morte
Mas tens que saber escolher
Se escolhes matar,
também morrerás
Se deixas viver, também viverás
Então viva e deixe viver!*

*Não mais estes rios poluídos
Não mais este lixo nuclear
Não mais o veneno que se joga
No campo, nos rios e no ar!*

*Não mais estas mortes
sem sentido
Não poluirás e não matarás
A terra é pequena e limitada
Se a terra morrer,
também morrerás
Também morrerás!*

*Não mais a tortura nem a guerra
Não mais violência nem rancor
Não mais o veneno que se joga
Na mente do povo sofredor!*

*Não mais este medo sem sentido
Não destruirás nem oprimirás
A vida é pequena e entrelaçada
Se o homem morrer,
também morrerás
Também morrerás!*

Proclamar: *1Jo 3,1-2.11-22 – Não amemos só com palavras e da boca para fora, mas com ações e de verdade!*

Em uma linguagem não religiosa, mas defensora da pessoa, a sociedade cria mecanismos de proteção dos mais fracos. A luta para concretizar essas políticas se alinha com os ensinamentos de Cristo. O que se entende por "Direitos Humanos"? É preciso lembrar que junto com os *direitos* estão os *deveres*, pois o meu direito termina onde começa o do outro; se tenho um direito, também tenho o dever de respeitar esse mesmo direito da outra pessoa.

Segundo a *Declaração Universal dos Direitos Humanos*, Artigo 1º, "todos os seres humanos nascem livres e iguais em dignidade e em direitos. Dotados de razão e de consciência, devem agir uns para com os outros em espírito de fraternidade".

O Artigo 3º diz que "todo indivíduo tem direito à vida, à liberdade e à segurança pessoal. Considerando que o reconhecimento da dignidade inerente a todos os membros da família humana e dos seus direitos iguais e inalienáveis constitui o fundamento da liberdade, da justiça e da paz no mundo".

Na mesma linha a *Constituição Federal Brasileira*, no Artigo 5º, declara que "todos são iguais perante a lei, sem distinção de qualquer natureza, garantindo-se aos brasileiros e aos estrangeiros residentes no País a inviolabilidade do direito à vida, à liberdade, à igualdade, à segurança e à propriedade".

Discriminação racial

O racismo é a tendência a pensar as raças humanas como distintas e superiores umas das outras. Indivíduos racistas creem que as características físicas hereditárias, e determinados traços de caráter e inteligência ou manifestações culturais, determinam que alguns são superiores a outros. É racista quem diz: "Eu não gosto de *tal* raça"; "Eu detesto gente de *tal* região"; "O povo de *tal* região é preguiçoso"; "Eu não gosto de *tal* grupo ou de *tais* pessoas" etc.

A Convenção Internacional para a Eliminação de todas as Normas de Discriminação Racial da ONU, Artigo 1º, ratificada pelo Brasil, diz que "discriminação racial significa qualquer distinção, exclusão, restrição ou preferência baseada na raça, cor, ascendência, origem étnica ou nacional com a finalidade ou o efeito de impedir ou dificultar o reconhecimento e/ou exercício, em bases de igualdade, aos direitos humanos e liberdades fundamentais nos campos político, econômico, social, cultural ou qualquer outra área da vida pública".

VIVÊNCIA

Habitamos em sociedades marcadas pela discriminação: baixo/alto, gordo/magro, bonito/feio, rico/pobre, homem/mulher, centro/periferia, negro/branco... Essas categorias criam estereótipos, ou seja, modelos falsamente idealizados que servem de padrões para diminuir ou engrandecer pessoas ou grupos sociais. O cristianismo traz uma mensagem pacificadora para todas as sociedades; não admite preconceitos, pois todos somos filhos de Deus.

Motive os catequizandos a observar, ao longo da semana, as atitudes preconceituosas que alimentamos em nossa prática social e cotidiana. Muitos dizem não ter preconceitos, até que na família alguém queira se casar com uma pessoa diferente da própria raça, ou mesmo pelos comentários que fazemos em casa, com os amigos, na escola etc. Como em nossa maneira de falar assumimos muitos preconceitos, vamos fazer todo o possível para superá-los.

Oração

Dirigente: *Jesus não se intimidava com os preconceitos de sua época. Por isso admitiu mulheres no seu grupo de discípulos e andou com pessoas consideradas de má fama, pecadores públicos. Ele também acolheu as crianças, então consideradas gente sem valor.*

O leitor 1 proclama: Lc 8,1-3 – Jesus percorria cidades e povoados anunciando o Reino de Deus.

O leitor 2 proclama: Mt 9,10-13 – Não vim chamar justos, mas sim pecadores.

O dirigente convida o grupo a rezar espontaneamente em favor dos excluídos. Concluir com o Pai-Nosso e a bênção final.

21º encontro

A sexualidade

Objetivo

Entender a sexualidade não apenas como dimensão biológica, mas sobretudo como integração de todas as potencialidades humanas.

Reflexão

Fazer as seguintes perguntas: *Qual é a diferença entre sexo e amor? Por que as pessoas, quando vão ter relação sexual, dizem "vamos fazer amor"? Toda relação sexual é também uma relação de amor?*

Proclamar: 1Cor 6,13-20 – *Vosso corpo é templo do Espírito Santo que mora em vós.*

A sexualidade é uma pulsão vital que nos acompanha a vida toda. É energia, força dinâmica que não ocorre integralmente e de uma vez no ser humano. Indo muito além do genital (aqui chamamos o biológico), a sexualidade se situa no centro da pessoa humana.

Ao assumir a condição humana, Jesus também assumiu a sexualidade. O Filho de Deus, que se fez homem, tinha sentimentos de amor, carinho, amizade, ira, solidariedade etc. Na visão cristã, a sexualidade possui quatro níveis: *sexo, eros, filia e agápe*. O *sexo* refere-se mais diretamente ao biológico da sexualidade; o *eros*, ao psicológico (o desejo); a *filia* representa o amor interpessoal; e o *agápe* abre o amor humano a Deus, que é amor. Mais que "ter" sexualidade, "somos" sexualidade e afetividade.

Biologicamente não existe o neutro; existe o sexo masculino e o feminino. O homem produz milhões de espermatozoides em horas e tem a genitalidade externa. Já a mulher produz, mensalmente ao longo de alguns anos, um ou mais óvulos e tem a genitalidade interna.

Mas a sexualidade não atinge somente as faculdades corporais, ou seja, o biológico. Existe uma maneira masculina e uma feminina de pensar, imaginar, amar, agir, reagir; é o que se chama de desejo sexual. A menina sente desejo pelo menino, e o menino sente desejo pela menina; é o desejo heterossexual.

A dimensão psicológica do *eros*, a esfera do erótico, é entendida como a área da atração, do desejo de posse. É por meio dessa dimensão que entramos na área dos sentimentos. É o nível da beleza física, do charme, da elegância, do estético. É o campo da sensualidade, entendida em seu aspecto positivo, ou seja, o da irradiação da emoção sexual sobre todo o corpo. Na dimensão erótica a linguagem mais comum é a da ternura, isto é, a vontade e a necessidade de dar e receber carinho. A sexualidade não permanece localizada nas zonas erógenas, mas envolve todo o corpo da pessoa.

O *eros* degradado a puro *sexo* torna-se mercadoria, simplesmente uma *coisa* que se pode comprar e vender; antes, o homem ou a mulher tornam-se mercadoria. Passa-se a considerar o corpo e a sexualidade como partes meramente materiais de si mesmo para usar e explorar com proveito.

Na verdade, encontramo-nos diante de uma degradação do corpo humano, que deixa de estar integrado no conjunto da liberdade da nossa existência, deixa de ser expressão viva da totalidade de nosso ser, relegando-se unicamente à sua dimensão biológica. A fé cristã sempre considerou o ser humano unidual. Nele, espírito e matéria se compenetram mutuamente. O *eros* quer nos elevar *em êxtase* para o Divino, conduzir-nos para além de nós próprios; por isso mesmo, porém, requer um caminho de ascese, renúncias e purificações.[1]

Para descobrir o outro sexo, é necessário em primeiro lugar abrir-se a seu conhecimento, à sexualidade na dimensão da *filia*. É um dever ético para o adolescente e para o jovem conseguir um conhecimento adequado do sexo contrário, como também de seu próprio sexo.

Embora já na infância a criança conviva com crianças de ambos os sexos, é somente durante a adolescência que o(a) menino(a) se "encontra" de verdade com o sexo oposto no plano vivencial ou emocional. Na fase juvenil, chega o dia em que se realiza um encontro totalmente novo com um *você* pessoal. O(a) jovem conhece uma(um) jovem que ocupa todo o seu pensamento. Mas o que o(a) domina já não é o erotismo ou a emoção; é um sentimento novo: a necessidade de conhecer, de descobrir o mistério da pessoa amada e oferecer-lhe o melhor de si. Naturalmente, esses sentimentos deverão amadurecer em direção a um compromisso mais sério, culminando no Matrimônio. Esse encontro definitivo pode também ser vivido em forma de *virgindade consagrada* ou de *celibato integrado*. São formas diferentes de realizar-se como pessoa em uma relação heterossexual.

A relação heterossexual deve ser uma *linguagem de amor* e, ao mesmo tempo, uma realização do amor humano. Ela não deve guiar-se unicamente pela força do impulso biológico, pois isso comprometeria a plena realização do amor humano.

Homoafetividade

O Livro do crismando traz um texto do Pe. Zezinho sobre o assunto. Conforme as necessidades e características do grupo, será conveniente abrir o debate sobre situações que envolvem a sexualidade: gravidez precoce, prostituição infantil e aborto. Cuidar para não nivelar essas situações com os desvios de personalidade, como a pedofilia e o estupro.

---

[1] Cf. BENTO XVI. Carta encíclica *Deus Caritas Est*. São Paulo, Paulinas, 2006. n. 5.

A sexualidade continua sendo um grande enigma para o ser humano. Conforme o *Catecismo da Igreja Católica*, "a homossexualidade designa as relações entre homens e mulheres do mesmo sexo que sentem atração sexual pelo mesmo sexo".[2] A identificação homossexual, de maneira geral, não é, de fato, uma tendência patológica. É um componente da sexualidade humana, no sentido de que corresponde a uma identificação necessária com as pessoas de sexo idêntico para corroborar a própria identidade sexual.[3]

A sexualidade faz parte da esfera biológica e é elevada na criatura humana a um novo nível, o pessoal, onde corpo e espírito se unem.[4] Também, a tradição da Igreja sempre declarou que os atos de homossexualidade são intrinsecamente desordenados.[5] São contrários à lei natural. Impedem que o ato sexual se abra ao dom da vida.

Mesmo apresentando essa posição, a Igreja sempre declarou que as pessoas homossexuais "devem ser acolhidas com respeito, compaixão e delicadeza. Deve-se evitar, para com elas, qualquer atitude de injusta discriminação".[6] Como os demais cristãos, são chamadas a viver a castidade. Se se decidem com assiduidade a compreender a natureza do chamado pessoal que Deus lhes dirige, estarão em condição de receber a graça do Senhor, que se oferece generosamente nos sacramentos para ajudar no seguimento de Cristo.

---

[2] *Catecismo da Igreja Católica*, n. 2357.

[3] PONTIFÍCIO CONSELHO PARA A FAMÍLIA. *Léxicon*: termos ambíguos e discutidos sobre família, vida e questões éticas. 2. ed. Brasília: Edições CNBB, 2007. p. 471.

[4] Cf. CONGREGAÇÃO PARA A DOUTRINA DA FÉ. *Considerações sobre os projetos de reconhecimento legal das uniões entre pessoas homossexuais*. São Paulo, Paulinas, 2003. n. 3.

[5] "A particular inclinação da pessoa homossexual, embora não seja em si mesma um pecado, constitui, no entanto, uma tendência, mais ou menos acentuada, para um comportamento intrinsecamente mau do ponto de vista moral. Por esse motivo, a inclinação deve ser considerada objetivamente desordenada. Aqueles que se encontram em tal condição deveriam, portanto, ser objeto de uma particular solicitude pastoral, para não serem levados a crer que a realização concreta dessa tendência nas relações homossexuais seja uma opção meramente aceitável" (CONGREGAÇÃO PARA A DOUTRINA DA FÉ. *Declaração sobre alguns pontos de ética sexual*. São Paulo, Paulinas, 1976. n. 3).

[6] PONTIFÍCIO CONSELHO PARA A FAMÍLIA. *Sexualidade humana*; verdade e significado. São Paulo, Paulinas, 1995. n. 104.

O fenômeno da homoafetividade requer de todos sensibilidade e respeito à alteridade de outrem que se orienta por essa identidade, de modo que não julgue equivocadamente sem uma análise envolta sempre da misericórdia evangélica.

A Igreja, ao mesmo tempo que deixa claro não aceitar a vivência de práticas homossexuais, de maneira alguma menospreza os homossexuais, mas zela pela acolhida e mostra sua disposição em ajudar cada irmão e irmã de maneira verdadeira, clara e honesta, sempre com o olhar de misericórdia e amor.

Verificamos que existe um longo trabalho de educação, mudança de comportamento, políticas públicas adequadas, inclusão social e suporte às famílias que tomam conhecimento da condição homoafetiva de seus filhos. As instituições sociais, em especial as famílias, foram remodeladas: a família hierárquica com papéis bem definidos e atribuições de gênero e gerações foi substituída pela família moderna, mais igualitária, em que as atribuições de gênero estão mais diluídas.

VIVÊNCIA

É fundamental gostar do próprio corpo, cuidar bem dele, com alimentação saudável, dormir adequadamente, não desperdiçar a saúde com cigarro, álcool e outras drogas. Mas também é preciso evitar a moda atual de cultuar desesperadamente o corpo unicamente por motivos estéticos. Ao integrarmos o sexo às demais dimensões de nosso ser, passamos a perceber o(a) outro(a) como pessoa e o(a) entendemos como parte de uma relação mais ampla.

Nesse entendimento, costumes como ter relações sexuais somente por se sentir atraído ou "ficar" com o maior número de pessoas durante uma balada devem ser repensados. Eles desvalorizam não só o outro, mas também a mim mesmo. Há um simplismo de muita propaganda que reduz o compromisso entre duas pessoas à necessidade de usar o preservativo.

Procure motivar o grupo a se aconselhar com pessoas mais experientes e maduras, como o pároco, o orientador educacional da escola, os pais, o médico.

Oração

Ler em silêncio o texto a seguir e colocar-se em atitude orante e silenciosa por alguns minutos. Concluir com a leitura em dois coros do Salmo 138.

O gesto e o corpo na liturgia

Durante as celebrações, os gestos externos de nosso corpo correspondem à atitude interior de fé e de oração. Expressamos nossos sentimentos de respeito, disponibilidade, humildade, adoração, espera confiante e receptividade com a postura de nosso corpo. A liturgia valoriza o corpo e os sentidos para celebrar o amor agápe e promover a comunicação com Deus e com os irmãos.

Na dimensão horizontal, a liturgia prevê a formação da assembleia como povo de Deus reunido, encontro de irmãos que se acolhem, se cumprimentam, se reconhecem e se ajudam. São pessoas que se reconhecem unidas em Cristo e capazes de vencer a discórdia pela ação do Espírito. Na celebração rezamos com as atitudes que ornam a pessoa: o sorriso, o carinho, a boa educação com que nos dirigimos a quem está ao nosso lado, ou mesmo o cuidado e atenção que dispensamos aos idosos. O abraço da paz sela o compromisso de toda a assembleia.

Na dimensão vertical, o corpo humano ora, suplica, louva e agradece o Criador: de pé (sinal de atenção e prontidão), sentado (atitude de escuta e acolhida), de joelhos (expressão de súplica e de humildade), em procissão (em peregrinação para a casa do Pai). Assim, temos também os gestos com os braços e as mãos levantadas, ou unidas em prece, em posição de oferta ou estendidas. Com as mãos batemos no peito ou as lavamos, em sinal de reconhecimento dos pecados.

O corpo é o templo de Deus, morada do Espírito. De sua interioridade brota o culto em espírito e verdade, pois no coração humano se ergue o altar das boas obras de nosso trabalho. Esse é o louvor que realizamos nas várias horas do dia, a chamada liturgia da vida.

22º encontro

As drogas

Objetivo

Promover, à luz da mensagem de Jesus Cristo, o debate sobre os malefícios das drogas.

Reflexão

Utilizar o DVD: *Buscas, sonhos de adolescentes*; drogas. São Paulo, Paulinas Multimídia, 2005.

Proclamar: *Jo 10,1-10 – Eu vim para que tenham vida, e a tenham em abundância.*

As drogas são substâncias químicas, naturais ou sintéticas, que provocam alterações psíquicas e físicas a quem as consome. Levam à dependência física e psicológica, podendo causar a morte em casos extremos (*overdose*). Atualmente, os especialistas também incluem nesse grupo o cigarro e o álcool.

Os adolescentes estão entre os principais usuários de drogas. Calcula-se que 13% dos jovens brasileiros entre 16 e 18 anos consomem maconha. Atualmente, cerca de 5% dos brasileiros são dependentes químicos. O uso de drogas é crime previsto no Código Penal Brasileiro, e os infratores estão sujeitos a penas que variam de seis meses a dois anos de prisão.

As drogas tornaram-se uma doença da sociedade atual, atingindo principalmente indivíduos menos protegidos ou em condições psicológicas fragilizadas. À medida que aumenta o estresse cotidiano, aumenta também a demanda por uma válvula de escape, ainda que ilusória.

Todos somos vítimas diretas ou indiretas das drogas ("acidentes" de trânsito causados por motoristas alcoolizados, doenças pelo fumo, roubos e assassinatos para a compra da droga, ação corruptora do narcotráfico etc.), e não estamos conseguindo reagir e dar-lhe um combate eficaz.

Vivência

O melhor modo de combater as drogas é a prevenção. Informação, educação e diálogo são apontados como o caminho mais seguro para impedir que adolescentes se viciem. Para usuários que ainda não estão viciados, o tratamento recomendado é a psicoterapia e a participação em grupos de apoio. Além das terapias, podem ser usados medicamentos que reduzem os sintomas da abstinência ou que bloqueiam os efeitos das drogas. Tudo isso sempre sob orientação de um profissional qualificado.

Motive os crismandos a conhecer o grupo e a metodologia do NA (Narcóticos Anônimos), do AA (Alcoólicos Anônimos) ou de outras entidades afins mais próximas da comunidade.

Oração

Rezar em dois coros a oração da Campanha da Fraternidade 2001 (*Vida sim, drogas não!*).

Mulheres: *Deus de ternura e bondade, bendito sois pelo maravilhoso dom de viver! Nós vos agradecemos porque podemos escolher a vida e não a morte.*

Homens: *Fortalecei-nos na solidariedade a favor das vítimas das* *drogas. Aumentai em nós, Senhor, a perseverança e a união, na luta contra o perverso sistema de destruição da vida.*

Mulheres: *Que encontremos sempre em vossa Palavra, na Eucaristia e na comunidade eclesial o sustento para a caminhada e para a construção do vosso Reino.*

Homens: *Que vosso amor, ó Pai, circule em nossos corações, nas relações humanas e na sociedade, para acelerar a vinda do mundo que a gente quer: um mundo sem ódio, sem exclusões, sem drogas, um mundo pleno de vida, amor, solidariedade e paz.*

Todos: *Por Jesus Cristo, vosso Filho, que veio ao mundo para que todos tenham vida, na unidade do Espírito Santo. Amém.*

A grande arte de dom Helder

Nos anos 1980, eu consumia todo tipo de droga que existia. Artista de circo, viajava com meu grupo pelo Nordeste e minha dependência química era total. Um dia, em 1987, no Recife (PE), o pessoal do Circo-Escola Picadeiro, de São Paulo, do qual eu fui um dos sócios-fundadores, me encontrou caído na rua. Eles me levantaram, me deram um banho e fomos todos para uma reunião que aconteceria naquele dia para discutirmos as condições de trabalho dos artistas de circo. A reunião, realizada sob uma lona de circo, teve a presença de dom Helder Camara, então arcebispo de Olinda e Recife, que apadrinhava os artistas. No final das discussões tivemos uma apresentação. Montei um figurino com a ajuda dos palhaços presentes. Um mágico me emprestou seu material. Todos gostaram do meu show e me aplaudiram de pé.

No final da apresentação, dom Helder me convidou para trabalhar com as crianças das favelas de Olinda e Recife. Eu disse que não estava preparado para isso, mas concordei em fazer uma experiência. Fizemos um espetáculo na favela da Ilha dos Ratos e dom Helder voltou a insistir para que eu desse aulas de Teatro para as crianças. Disse novamente que não, que ele não sabia quem eu era e os problemas que eu poderia trazer. "Que problemas?" – ele perguntou. Eu disse a verdade, que estava envolvido com drogas. Ele aceitou assim mesmo, pois já havia anunciado as minhas aulas para as crianças e não queria decepcioná-las. Não tive outro jeito, concordei. Comecei dando aulas de malabarismo, acrobacia, mímica e mágica para as crianças. Na primeira semana, diminuí as drogas. Passei da heroína para a cocaína, e desta para o álcool. Isso me surpreendeu, mas da dependência do álcool, pensei, não sairia. Fui procurar dom Helder e propus que o trabalho se estendesse, porque a experiência estava me fazendo bem. Depois de quinze dias, já não precisava do álcool e até sentia vergonha na frente das crianças. Eu via aquelas pessoas, nas favelas, brigando com os ratos para ter uma vida melhor, e eu que havia nascido com todo conforto, jogando minha vida fora... Eu me senti mal. Aquilo foi um tapa na minha cara.

Um dia dom Helder me perguntou sobre a bebida. "Você parou, não parou?" Nesse momento chorei. Ele beijou minha testa e disse que sabia que eu ia me curar com a ajuda das crianças. "Você vai ajudar aquelas crianças da favela porque são elas que estão tirando você da droga" – ele garantiu. Também percebi isso. Pensava que estava dando alguma coisa para aquelas crianças, mas, na verdade, estava recebendo. Passaram-se mais quinze dias, outros quinze e um dia resolvi me mudar para a favela. Quando a dor da abstinência era muito forte, calçava um par de galochas e ia limpar aqueles córregos sujos, onde os moradores jogavam produtos químicos para diminuir um pouco o cheiro ruim. Aquele odor forte penetrava em meus pulmões e me deixava tonto. Os meninos tinham que me tirar de lá.

O que era uma experiência para durar alguns dias, durou cinco anos. Depois de certo tempo, comprei meu próprio circo, o Micro Circo, o primeiro circo-escola do país a trabalhar com crianças carentes. Mesmo sem o apoio de empresas ou do terceiro setor, mantivemos o Micro Circo durante cinco anos. Um dos motivos que levaram o Micro Circo a acabar foi a falta de apoio e a incompreensão de muita gente, que não admitia que alguém pudesse levantar os pobres. Diziam que no Micro Circo só tinha crianças que cheiravam cola e se drogavam. Se elas estavam lá, era porque eu pretendia prevenir e combater exatamente isso, até pela minha experiência de dezessete anos como dependente de álcool e drogas.

Um dia, enfim, o Micro Circo acabou e o entreguei a dom Helder. Fui me despedir dele. Dom Helder não ficou triste, mas me deu uma nova responsabilidade. Ele disse que não tinha dado um trabalho para mim, mas uma missão: "Levar a arte para as crianças carentes. E mesmo que eu pensasse um dia em abandoná-la, não conseguiria". Ele acertou. Depois de minha experiência em Olinda e Recife, passei por várias situações. De 1997 a 2002, percorri 54 cidades de Minas Gerais, encenando um monólogo em mais de 800 escolas, ensinando as crianças a se prevenirem contra as drogas. A peça chamava-se *Mas que droga* e contava a história de um menino de 9 anos que, a pedido da mãe, vai ao bar comprar cerveja e só sai de lá com mais de 30 anos. Era, na verdade, um pouco da minha história. Penso que minha missão, na vida, também é essa. Mostrar aos adultos que as crianças e os jovens estão pedindo ajuda para não cair nas drogas, ou para sair delas. Eu faço isso com a arte. Repare que toda casa de recuperação de drogados trabalha com arte-terapia. Seja música, pintura, artesanato, teatro etc. Então, por que não usar a arte, antes, como prevenção? Para mim, a arte é o que dom Helder um dia me disse: "Uma espada que a gente põe na mão e sai pelo mundo a lutar".[1]

---

[1] Manuel Frota Yepez é circense, ator e ilustrador de livros infantis. *Família Cristã*, n. 851, novembro de 2006, pp. 72-73.

23º encontro

Os valores cristãos

OBJETIVO

Ajudar os crismandos a se conscientizarem dos valores e contravalores presentes na sociedade, e a formarem suas convicções éticas segundo o Evangelho.

REFLEXÃO

Preparar o ambiente com manchetes e notícias de jornais e revistas mostrando valores e contravalores da sociedade (ex.: gestos de solidariedade, serviço nos hospitais, presídios, orfanatos, ONGs, movimentos, asilos etc.; guerra, drogas, prostituição, fome, homicídios, discriminação racial, destruição da natureza etc.).

Com uma música apropriada de fundo (instrumental ou com letra ligada ao tema), pedir a cada um que caminhe entre os jornais e revistas e escolha duas reportagens: uma sobre valores e outra sobre contravalores. Em seguida, cada um comenta o que escolheu e coloca os valores e os contravalores em dois quadros. Para motivar a dinâmica, podem ser feitas ao grupo as seguintes perguntas: *Quais os valores que o mundo nos apresenta e quais os valores que a Igreja nos apresenta? As pessoas estão sendo ajudadas a pensar, julgar, decidir e agir, ou tudo é entregue pronto, "mastigado"?*

Proclamar: *Mt 13,1-9.18-23 – Algumas sementes caíram à beira do caminho, outras caíram em terra boa.*

A parábola do semeador nos chama a atenção para a importância de criarmos ambientes que favoreçam o crescimento humano e cristão. Ao mesmo tempo alerta-nos a respeito dos que asfixiam a frágil planta nascente.

Valores humanos como amor, justiça, liberdade e fraternidade são pouco cultivados. O lucro está acima da solidariedade e da dignidade da pessoa humana, o que torna possível que alguns indivíduos sejam escravizados por outros.

Os valores são imprescindíveis para nossa compreensão do mundo e de nós mesmos. Eles servem de parâmetros em nossas escolhas diante de perguntas como: *O que devemos fazer? Como saber o que é mais importante ou urgente? Como escolher?*

Os valores estão presentes em nossos pensamentos, nas coisas que dizemos e escrevemos e, claro, em nossas ações. Ao fazer escolhas, nem sempre estamos conscientes de nossos valores, mas eles estão lá, determinando nossas opções. Todo mundo tem valores e não há ninguém sem ética. O que acontece, com frequência, é que os valores podem ser diferentes entre pessoas e grupos.

Comportamento e julgamento morais estão muito relacionados. No entanto, muitas vezes o julgamento de uma pessoa não corresponde ao seu comportamento. Vejamos um exemplo: é muito comum ver pessoas que criticam um ato alheio como jogar papel na rua, mas, quando estão sozinhas, não resistem à tentação de se livrar da incômoda embalagem de chocolate jogando-a na calçada... Esse é um exemplo de discrepância entre julgamento e comportamento moral.

As questões morais e éticas se relacionam diretamente com a violência, o desrespeito, o individualismo, o hedonismo etc. Muitos anúncios publicitários apresentam relações sociais competitivas, rudes e violentas, e isso para vender seus produtos. A sociedade capitalista se assenta sobre uma base materialista, associa a felicidade à posse e deixa de lado os valores mais transcendentes. É uma sociedade contraditória, que propaga valores morais como "não roubar" e "não mentir" e, ao mesmo tempo, vende a ideia de dinheiro, glória e consumo como objetivos a serem buscados para uma vida feliz.

VIVÊNCIA

Queremos tomar um suco de laranja, mas a mídia diz que devemos tomar "tal" refrigerante; então tomamos o refrigerante que está na TV. Queremos sair e praticar um esporte, mas a televisão nos impede. Não adianta querer comprar um tênis simples: a sociedade nos chicoteia com artistas famosos usando "aquela marca" cara. Você vai dizer que não é escravo? Pense bem. Será que nunca deixou de comer algo de que gosta para ir ao *shopping* comer aquele lanche da propaganda? E aquela caminhada que você queria fazer outro dia? Ou o livro que você tinha pra ler? Ou a catequese de que você gostaria de participar? Ah é, mas estava passando novela. Poucas pessoas resistem aos valores que a sociedade prega.

Para nós, cristãos, os verdadeiros valores devem buscar a realização da pessoa. Eles devem estar baseados nos valores evangélicos da solidariedade, serviço, misericórdia, perdão, amor, preservação da vida, respeito ao outro e ao meio ambiente...

Faça ao grupo as seguintes perguntas: Como estes valores estão presentes na vida que quero viver? Quem eu quero ser?

ORAÇÃO

Salmo 1 – Os dois caminhos

Todos: *Feliz é todo aquele que não anda conforme os conselhos dos perversos; que não entra no caminho dos malvados, nem junto aos zombadores vai sentar-se.*

Lado 1: *Mas encontra seu prazer na lei de Deus e a medita, dia e noite, sem cessar.*

Lado 2: *Eis que ele é semelhante a uma árvore que à beira da torrente está plantada; ela sempre dá seus frutos a seu tempo, e jamais as suas folhas vão murchar. Eis que tudo o que ele faz vai prosperar.*

Lado 1: *Mas bem outra é a sorte dos perversos. Ao contrário, são iguais à palha seca espalhada e dispersada pelo vento.*

Lado 2: *Por isso os ímpios não resistem no juízo nem os perversos, na assembleia dos fiéis. Pois Deus vigia o caminho dos eleitos, mas a estrada dos malvados leva à morte.*

Lado 1: *Glória ao Pai, ao Filho e ao Espírito Santo.*

Lado 2: *Como era no princípio, agora e sempre. Amém!*

Todos: *Feliz é todo aquele que não anda conforme os conselhos dos perversos; que não entra no caminho dos malvados, nem junto aos zombadores vai sentar-se.*

> Permanecer em silêncio por alguns minutos. Em seguida, proclamar:
> Mt 7,13-14 – As duas portas e os dois caminhos.
>
> Comentar e concluir com o Pai-Nosso.

Dirigente: *Inspirai, Senhor, as nossas ações e ajudai-nos a realizá--las, para que em vós comece e termine tudo aquilo que fizermos. Por nosso Senhor Jesus Cristo, vosso Filho, na unidade do Espírito Santo.*

Unidade III
Purificação

Celebração

Inscrição do nome

Promover uma conversa com os participantes: *Quem sabe o significado do próprio nome? Qual é? Por que foi escolhido? Quem passou a gostar mais do seu nome depois de saber o que significa? Por que nosso nome é importante para nós? Será que Deus sabe o nosso nome? O que quer dizer o texto de Isaías e o que isso tem de importante na nossa vida? Quais eram os nomes de Jesus (Emanuel, Cristo, Nazareno etc.)?* O catequista pode se apoiar em *Is 43,1-7 – Chamei-te pelo teu nome, tu és meu!*

"Cada ser humano é único, não repetível, insubstituível em sua singularidade pessoal. Somos pensados e amados por Deus, desde a eternidade, nesta individualidade singular. O nome exprime essa identidade pessoal a ser reconhecida pelos outros, chamada a colocar-se a serviço de todos. Na Sagrada Escritura, o nome é parte essencial da pessoa (cf. 1Sm 25,25), de tal forma que o que não tem nome não existe (cf. Ecl 6,10), sendo a pessoa sem nome um homem insignificante, desprezível (cf. Jó 30,8). O nome equivale à própria pessoa (cf. Nm 1,2.42; Ap 3,4; 11,13). Por isso, ao dar uma missão a alguém, Deus lhe muda o nome: assim com Abraão (Gn 17,5) [...]; Jesus muda o nome de Simão para Pedro (cf. Mt 16,18; Mc 3,16-17) [...]. O nome de Jesus simboliza a sua missão: Jesus (do hebraico *Yehoshúa*) significa 'Javé salva' (cf. Mt 1,21). O nome, em outras palavras, vem a significar a missão que se recebe na história da salvação."[1]

---

[1] CNBB. *Batismo de crianças*; subsídios teológico-litúrgico-pastorais. São Paulo, Paulinas, 1980. nn. 29. 32.34-35. (Documentos da CNBB, n. 19).

A *inscrição do nome* é a celebração que encerra o catecumenato. Após aprovação da comunidade, os catecúmenos recebem a eleição gratuita de Deus, que os ilumina para que se mantenham fiéis no caminho que escolheram. O eleito torna-se membro importante e ímpar dentro da nova comunidade de amor na Igreja de Cristo.

A participação de toda a comunidade é própria deste rito. Ele delibera sobre a idoneidade dos candidatos para seu progresso na inserção nos mistérios pascais. Padres, diáconos, catequistas, padrinhos e delegados representam a Igreja que os conduz ao encontro do Cristo.

RITO DA INSCRIÇÃO DO NOME

140. Realizar o rito na celebração do primeiro domingo da Quaresma, depois da homilia.

142. A homilia, apropriada às circunstâncias, seja dirigida tanto aos catecúmenos (e crismandos) como à comunidade dos fiéis, para que estes, esforçando-se por dar um bom exemplo, iniciem com os eleitos o caminho para os mistérios pascais.

(Devem estar presentes também padrinhos e madrinhas, sobretudo dos que vão ser batizados.)

Apresentação dos candidatos

143. Após a homilia, **a pessoa encarregada da iniciação** [...] apresenta os que vão ser eleitos, com estas palavras ou outras semelhantes:

Padre N., aproximando-se as solenidades pascais, os catecúmenos e os crismandos aqui presentes, confiantes na graça divina e ajudados pela oração e exemplo da comunidade, pedem humildemente que, depois da preparação necessária e da celebração dos escrutínios, lhes seja permitido participar da celebração dos sacramentos.

Quem preside responde:

Aproximem-se, com seus padrinhos e madrinhas, os que vão ser eleitos.

Cada um, chamado pelo nome, adianta-se com o padrinho ou a madrinha e permanece diante de quem preside.

Se forem muitos, faça-se a apresentação de todos ao mesmo tempo, p. ex., por meio dos respectivos catequistas, sendo aconselhável que estes, em uma celebração prévia, chamem pelo nome os seus candidatos antes de comparecerem ao rito comum. Sejam chamados separadamente os catecúmenos e os crismandos.

144. Quem preside prossegue:

A santa Igreja de Deus deseja certificar-se de que estes catecúmenos e crismandos estão em condições de ser admitidos para a celebração das próximas solenidades pascais.

E dirigindo-se aos padrinhos:

Peço, por isso, a vocês, padrinhos e madrinhas, que deem testemunho a respeito da conduta desses candidatos: ouviram eles fielmente a Palavra de Deus anunciada pela Igreja?

Os padrinhos: *Ouviram.*

Quem preside: *Estão vivendo na presença de Deus, de acordo com o que lhes foi ensinado?*

Os padrinhos: *Estão.*

Quem preside: *Têm participado da vida e da oração da comunidade?*

Os padrinhos: *Têm participado.*

Exame e petição dos candidatos

146. Quem preside exorta e interroga os candidatos com estas palavras ou outras semelhantes:

Agora me dirijo a vocês, prezados catecúmenos e crismandos. Seus padrinhos e catequistas e muitos da comunidade deram testemunho favorável a respeito de vocês. Confiando em seu parecer, a Igreja, em nome de Cristo, chama vocês para os sacramentos pascais. Vocês, tendo ouvido a voz de Cristo, devem agora responder-lhe perante a Igreja, manifestando a sua intenção. Catecúmenos e crismandos, vocês querem receber os sacramentos na próxima Vigília Pascal?

Os candidatos: *Queremos.*

Quem preside: *Querem prosseguir fiéis à santa Igreja, continuando a frequentar a catequese, participando da vida da comunidade?*

Os candidatos: *Queremos.*

Quem preside: *Deem, por favor, os seus nomes.*

Os candidatos, com seus padrinhos, aproximando-se de quem preside ou permanecendo em seus lugares, dão o nome. A inscrição pode ser feita de vários modos: o nome é inscrito pelo próprio candidato ou, pronunciado claramente, é anotado pelo padrinho ou por quem preside. Se os candidatos forem muitos, a lista dos nomes pode ser apresentada a quem preside com estas palavras ou outras semelhantes: *São estes os nomes.*

Durante a inscrição dos nomes, pode-se cantar um canto apropriado, p. ex., o Salmo 15.

Admissão ou eleição

147. Terminada a inscrição dos nomes, **quem preside** dirige aos candidatos estas palavras ou outras semelhantes:

(N. e N.), eu declaro vocês eleitos para completarem a iniciação ou serem iniciados nos sagrados mistérios na próxima Vigília Pascal.

Os candidatos: *Graças a Deus.*

Quem preside: *Deus é sempre fiel ao seu chamado e nunca lhes negará a sua ajuda. Vocês devem se esforçar para serem fiéis a ele e realizar plenamente o significado desta eleição.*

Dirigindo-se aos padrinhos, **quem preside** exorta-os com estas palavras ou outras semelhantes:

Estes candidatos, de quem vocês deram testemunho, foram confiados a vocês no Senhor. Acompanhem-nos com o auxílio e o exemplo fraterno até os sacramentos da vida divina.

E convida-os a pôr a mão no ombro dos candidatos que recebem como afilhados, ou a fazer outro gesto de igual significação.

Oração pelos eleitos

148. **A comunidade**, repetindo o refrão, reza pelos eleitos com estas palavras ou outras semelhantes:

Quem preside: *Queridos irmãos e irmãs, preparando-nos para celebrar os mistérios da paixão e Ressurreição, iniciamos hoje os exercícios quaresmais. Os eleitos que conduzimos conosco aos sacramentos pascais esperam de nós um exemplo de conversão. Roguemos ao Senhor por eles e por nós, a fim de que nos animemos por nossa mútua renovação e sejamos dignos das graças pascais.*

Leitor: *Nós vos rogamos, Senhor, que por vossa graça estes eleitos encontrem alegria na sua oração cotidiana e a vivam cada vez mais em união convosco.*

Todos: *Nós vos rogamos, Senhor.*

Leitor: *Alegrem-se de ler vossa Palavra e meditá-la em seu coração.*

Todos: *Nós vos rogamos, Senhor.*

Leitor: *Reconheçam humildemente seus defeitos e comecem a corrigi-los com firmeza.*

Todos: *Nós vos rogamos, Senhor.*

Leitor: *Transformem o trabalho cotidiano em oferenda que vos seja agradável.*

Todos: *Nós vos rogamos, Senhor.*

Leitor: *Tenham sempre alguma coisa a oferecer-vos em cada dia da Quaresma.*

Todos: *Nós vos rogamos, Senhor.*

Leitor: *Acostumem-se a amar e cultivar a virtude e a santidade de vida.*

Todos: *Nós vos rogamos, Senhor.*

Leitor: *Renunciando a si mesmos, busquem mais o bem do próximo do que o seu próprio bem.*

Todos: *Nós vos rogamos, Senhor.*

Leitor: *Partilhem com os outros a alegria que lhes foi dada pela fé.*

Todos: *Nós vos rogamos, Senhor.*

Leitor: *Em vossa bondade, guardai e abençoai as suas famílias.*

Todos: *Nós vos rogamos, Senhor.*

    149. Quem preside, com as mãos estendidas sobre os eleitos, conclui as preces com esta oração:

Pai amado e todo-poderoso, vós quereis restaurar todas as coisas no Cristo e atraís toda a humanidade para ele. Guiai estes eleitos da vossa Igreja e concedei que, fiéis à sua vocação, possam integrar-se no Reino de vosso Filho e ser assinalados com o dom do Espírito Santo. Por Cristo, nosso Senhor.

Todos: *Amém.*

24º encontro

Iniciação pascal

OBJETIVO

Celebrar os sacramentos de iniciação como forma objetiva e eficaz de a Igreja suscitar a identidade cristã.

REFLEXÃO

Os crismandos façam memória do dia de seu Batismo por meio de fotos, recordação dos padrinhos e madrinhas. Usar o DVD: *Batismo, Eucaristia*. São Paulo, Paulinas Multimídia, 2005. Série sacramentos 1 e 2. Sobre a *Confirmação*, trataremos no encontro seguinte.

Proclamar: *Rm 6,3-5 – Tornamo-nos uma coisa só com ele, por uma morte semelhante à dele.*

A Vigília Pascal é a ocasião mais apropriada para celebrar os sacramentos da iniciação, porque nesse tempo, incluindo o Tempo Pascal, a Igreja celebra em plenitude a Páscoa do Senhor. A comunidade renova seus compromissos batismais, e pelos sacramentos pascais os candidatos são inseridos no mistério da Páscoa de Cristo.

Quando crianças, recebemos o sacramento do Batismo, que nos levou desde cedo a participar da morte e Ressurreição de Cristo e nos deu sua vida divina. Pelo Batismo, nossa vida se transformou, Cristo nos converteu e nos reconciliou com o Pai e entre nós. O velho homem foi crucificado com ele, para que fosse destruído o corpo de pecado e, ressuscitados com ele, passássemos a viver para Deus de modo novo. A Ressurreição, que começa desde já, terá sua perfeição no Reino dos Céus.

O Batismo, fundamento de toda a vida cristã e porta da vida no Espírito, nos abre o acesso aos demais sacramentos. No Batismo:

- renascemos como filhos de Deus,

- tornamo-nos membros de Cristo,

- somos incorporados à Igreja

- e feitos participantes de sua missão.[1]

Pelo Batismo assumimos a mesma missão de Cristo, porque nos tornamos seus discípulos e nele somos incorporados. Somos convocados a viver a sua Páscoa em nós e, assim, "amar até o fim" ou amar servindo, como ele o fez no lava-pés. O cristão traz no próprio corpo as marcas da morte de Cristo (cf. Gl 2,19-20; 6,17; 2Cor 4,10-12), isto é, assume a mesma dinâmica que levou Cristo da morte à vitória sobre o tentador deste mundo. Esse exercício de vencer o pecado, o mal, o egoísmo, é proposto como missão ou projeto de vida para aquele que foi associado ao seu corpo. A vida cristã é tida como o tempo do desafio, da encarnação no dia a dia da morte de Cristo para merecermos a vitória de sua Ressurreição, para corresponder com retidão de vida ao dom que o Pai lhe deu. Viver esse amor-doação é a identidade do cristão. Este foi mergulhado na imensidão do amor de Cristo para servir e amar pela vida afora: "Tornamo-nos uma coisa só com ele por uma morte semelhante à sua" (Rm 6,5).

A Confirmação, aperfeiçoamento e prolongamento do Batismo, faz os batizados avançarem no caminho da iniciação cristã, pelo dom do Espírito que capacita o indivíduo a viver as exigências do caminho pascal, rememorado no sacrifício da Eucaristia. A assinalação da cruz feita na entrada do catecumenato ou como

---

[1] Cf. *Catecismo da Igreja Católica*, n. 1213.

rito introdutório na celebração do Batismo de criança chega à sua plenitude com a assinalação da cruz com o óleo do crisma: "Recebe por este sinal o Espírito Santo, dom de Deus". Esse sinal associa o jovem ao mistério da cruz de Cristo, para que pela força do Espírito Santo vença os sofrimentos e seja sempre fiel.

O sacramento da Confirmação aperfeiçoa a graça batismal. Acontece uma nova efusão do Espírito, na qual o crismando participa da dimensão pentecostal do mistério da Páscoa. A Confirmação enriquece a graça do Batismo, pois somos enriquecidos pela força especial do Espírito Santo que nos torna testemunhas *mais*:

- eloquentes de Cristo,

- firmes e fortes na fé,

- comprometidas e unidas à Igreja de Cristo.[2]

Na Eucaristia participamos da Ceia do Senhor. Tomamos parte do próprio Corpo de Jesus, nos unimos a ele através da comunhão. Unimo-nos aos nossos irmãos e irmãs que partilham do mesmo Pão da Vida, formando a Igreja de Cristo, a qual é seu corpo. Somos transformados naquilo que recebemos.

Esses três sacramentos realizam em nós a vida em Cristo. Renascidos, no Batismo, participamos da tríplice missão de Cristo: ser profeta, sacerdote e rei. Cristo eternamente se oferece ao Pai pela humanidade; como somos membros de seu corpo, participamos da dinâmica pascal e aprendemos a oferecer com ele a nossa própria vida. O Espírito recebido na Crisma nos capacita para entregarmos, com valentia, nossa vida como serviço de amor. Em cada Eucaristia, fazemos memória do sacrifício de Cristo e queremos que nossa vida seja um sacrifício de louvor: "Fazei de nós uma perfeita oferenda".[3]

---

[2] Cf. ibid., n. 1285.

[3] *Missal Romano*, Oração Eucarística III.

Assim, vivemos sua paixão pelos sofrimentos, limitações humanas e prática do bem, para um dia merecermos ressuscitar com ele, pois na Eucaristia somos nutridos com o alimento da vida eterna.

Os três sacramentos estão unidos de forma que, através deles, chegamos à perfeita participação na vida e na missão de Jesus: "De tal modo se completam os três sacramentos da iniciação cristã que proporcionam aos fiéis atingirem a plenitude de sua estatura no exercício de sua missão de povo cristão no mundo e na Igreja".[4]

Vivência

O Batismo realiza em nós uma transformação completa no que somos aqui na terra. Ele também antecipa e realiza nossa ressurreição futura em Cristo. Conscientes da graça que nos foi alcançada mediante o Batismo, saibamos viver de acordo com a vida nova que Cristo nos trouxe. O sacramento da Confirmação nos torna "mais estritamente obrigados a difundir e defender a fé por palavras e atos, como verdadeiras testemunhas de Cristo".[5] O sacramento nos leva, pela guia do Espírito Santo, a viver com maior autenticidade e empenho nossa vida cristã.

Motive os crismandos a descrever a diferença de uma vida levada sem fé e a lembrar-se de uma ou mais pessoas que vivem consequentemente a fé. O que, necessariamente, devemos considerar para levar uma vida cristã a sério?

Oração[6]

RICA 119: O sacerdote ou o catequista estende as mãos na direção dos candidatos, os quais se colocam de joelhos. Ao terminar, os catequizandos aproximam-se do **sacerdote ou do catequista**. Este impõe as mãos sobre cada candidato e em seguida reza:

---

[4] *Ritual da iniciação cristã de adultos*, n. 2.
[5] Paulo VI. Constituição apostólica sobre o sacramento da Confirmação.
[6] No final do encontro, o grupo coloca-se em atitude de oração. Recomenda-se cantar ao Espírito Santo. *RICA*, n. 122.

Deus, que ordenastes por vossos santos profetas aos que se aproximam de vós: "Lavai-vos e purificai-vos", e constituístes por Cristo o novo nascimento espiritual, olhai estes vossos servos, que se dispõem com fervor para a Crisma: abençoai-os e, fiel às vossas promessas, preparai-os e santificai-os para serem dignos de vossos dons e assim receberem a força do Espírito e se tornarem testemunhas do vosso Reino. Por Cristo, nosso Senhor.

Todos: *Amém.*

25º encontro

Os membros do povo de Deus

OBJETIVO

Apresentar a Igreja como continuadora da missão de Cristo, animada pelo Espírito, a fim de suscitar nos crismandos um sentimento afetivo e efetivo de pertença à Igreja.

REFLEXÃO

Estabelecer um diálogo com o grupo sobre a Igreja. Analisar as luzes e as sombras da vida comunitária paroquial com a finalidade de ampliar a visão sobre a Igreja para além do templo físico, das limitações de seus membros, e de ajudá-los a perceber por que a comunidade é fermento no meio do mundo, de que mensagem é portadora, que serviços oferece e qual é o papel que nos cabe em sua edificação como templo de pedras vivas.

Proclamar: *1Cor 12,12-15.27-28 – Um só corpo, muitos membros.*

"A Igreja é santa, porquanto Deus Santíssimo é o seu autor; Cristo entregou-se por ela, para santificá-la e torná-la santificante; o Espírito Santo a vivifica com a caridade."[1]

---

[1] *Compêndio do Catecismo da Igreja Católica*, n. 165.

A Igreja, o povo de Deus que confia em Cristo, manifesta a fé em Deus pela força do Espírito Santo. A presença do Espírito Santo faz com que a Igreja seja santa e garanta que sua liturgia (oração, sacramentos e sacramentais), seu anúncio da Palavra e seu serviço da caridade sejam verdadeiros e tornem presente a ação de Deus neste mundo.

Toda a catequese tem a missão primeira de formar o corpo eclesial de Cristo, isto é, a Igreja. O povo de Deus reunido na fé do Ressuscitado conta com a força do Espírito Santo para superar seus pecados e divisões e formar, assim, o corpo, cada vez mais coeso e unido à sua cabeça, a qual é o próprio Cristo que presta o culto perfeito de louvor ao Pai.

A Igreja não é somente o que aparece externamente. Nela há uma vida escondida que empurra, move e vivifica: é o Espírito. O Espírito invisível habita em cada um de nós, anima-nos, e nos fortalece para superar as debilidades de nossa carne e para formar um só corpo, uma só comunidade.

A comunidade de fé, apesar da imperfeição de seus membros, abriga em seu interior o mistério de salvação. Por isso, os batizados atuam com valentia na edificação da comunidade e na caridade social: "Vós, como pedras vivas, formai um edifício espiritual, um sacerdócio santo, a fim de oferecerdes sacrifícios espirituais, agradáveis a Deus, por Jesus Cristo" (1Pd 2,5).

"A Igreja é católica, ou seja, universal, porque nela está presente Cristo [...]. Ela anuncia a totalidade e a integridade da fé; contém e administra a plenitude dos meios de salvação; é enviada em missão a todos os povos, em qualquer tempo e a qualquer que seja a cultura a que pertençam."[2]

O Espírito tem a missão de continuar no mundo a obra de Cristo. Por isso foi derramado sobre a Virgem e os apóstolos em forma de fogo (cf. At 2,1-13). E o próprio Cristo Ressuscitado disse: "Recebereis uma força, a do Espírito Santo, que descerá sobre vós, e sereis minhas testemunhas em Jerusalém [...] e até os confins do mundo" (At 1,8).

---

[2] Ibid., n. 166.

Jesus, ao iniciar sua missão, escolhe doze apóstolos (cf. Mt 10,1-4) primeiramente para estar com ele e para levar a Boa-Nova a todo Israel e depois a todas as nações. É a nova comunidade dos discípulos de Jesus que, acreditando nele, é convocada a viver e anunciar a Boa-Nova de Cristo.

O Batismo é a porta de entrada para fazer parte da Igreja de Cristo, porque somos enxertados nele como membros do seu Corpo e participamos de sua Páscoa como membros do novo povo de Deus. A Igreja é a assembleia dos convocados em nome do Senhor para serem sinal de sua presença no mundo mediante a mesma fé, participando dos mesmos sacramentos (mesmo Batismo) e unidos de coração no amor de Cristo.

A comunidade acha-se unida à Igreja particular, ou seja, à Igreja diocesana, porção da Igreja universal, pois o bispo de cada comunidade age em comunhão com o papa, bispo de Roma; e o pároco atua sob a orientação e em nome do bispo diocesano.

VIVÊNCIA

Deus fez brilhar a glória de sua divindade no meio de seu povo. A Igreja é, sobretudo, santa porque o Espírito Santo se manifesta nela. Mais do que nos escandalizarmos com nossos pecados, fiquemos atentos ao mistério de graça, de reconciliação e de amor que o Pai nos derrama por seu Espírito, que ultrapassa grandemente os limites de toda comunidade.

Faça a seguinte pergunta aos crismandos: *Tenho dado atenção à vida de oração pessoal, aos gestos e atitudes de caridade e à participação da missa dominical na paróquia?*

ORAÇÃO

Leitor 1: *O melhor retrato da Igreja é o povo reunido em assembleia para celebrar a Eucaristia. Pelo Batismo, formamos a família dos filhos de Deus reunida em seu nome. Na missa, o povo de*

Deus é convocado e reunido, sob a presidência do sacerdote. A essa reunião local da santa Igreja aplica-se a promessa de Cristo: "Onde dois ou três estão reunidos no meu nome, eu estou no meio deles" (Mt 18,20). Cristo está realmente presente na assembleia reunida em seu nome.[3]

Catequista: *Não somos um povo sem nome e sem rosto. O Senhor nos convoca e nos une como membros do Corpo de seu Filho Jesus e na força do Espírito Santo.*

> Em clima de silêncio, e com poucas palavras, convidar os crismandos a se olharem, perceberem suas diferenças e tomarem consciência de que, pela graça recebida no Batismo, o Espírito nos une num só corpo.

Leitor 1: *Nossa vida só tem sentido se transcorrer na presença amorosa do Senhor. Expressemos o mistério da Igreja reunida em plena unidade com a Trindade Santa.*

Catequista: *(pausadamente) Em nome do Pai...*

(Com os braços abertos)

A graça de nosso Senhor Jesus Cristo, o amor do Pai e a comunhão do Espírito Santo estejam convosco.

Todos: *Bendito seja Deus que nos reuniu no amor de Cristo.*

Leitor 2: *Leitura da Primeira Carta de São Pedro (1Pd 2,9-10):*

"Mas vós sois a gente escolhida, o sacerdócio régio, a nação santa, o povo que ele conquistou, a fim de que proclameis os grandes feitos daquele que vos chamou das trevas para a sua luz maravilhosa. Vós sois aqueles que antes não eram povo, agora, porém, são povo de Deus, os que não eram objeto de misericórdia, agora, porém, alcançaram misericórdia".

> O catequista convida os crismandos a, abraçados, formarem uma grande e única roda. Frisar que somos o povo do Senhor, um só corpo.

---

[3] Cf. *Instrução Geral sobre o Missal Romano*, n. 27.

Todos: *Somos um povo com vocação espiritual e profética, reunindo pessoas de todas as raças e nações, servidor da paz e da fraternidade em toda parte e encarregado de anunciar a Boa-Nova de Cristo.*

Catequista: *Pai nosso...*

O Senhor esteja convosco...

    (traçando o sinal da cruz sobre si mesmo)

Abençoe-nos o Deus todo-poderoso...

26º encontro

A liturgia

Objetivo

Refletir sobre a finalidade da liturgia e o manancial de graça que ela representa, a fim de não reduzi-la ao estético e ao cerimonial.

Reflexão

Proclamar: *Mc 5,25-34 – Mulher com hemorragia havia muitos anos.*

A Igreja celebra os sacramentos em obediência à vontade do Senhor (como a mulher que toca a ponta de seu manto, provocando a saída da força curadora de Cristo). Hoje em dia, o Senhor Glorioso continua comunicando sua força, que cura, que alimenta e que perdoa.

Muitas vezes fomos acostumados a olhar as celebrações da Igreja e admirar somente sua expressão externa (se os cantos estavam bons, como o pessoal se vestia ou se comportava... e daí por diante). Mas precisamos antes prestar atenção ao espírito em que todas essas coisas se realizam. Os sinais (palavra, luz, vinho, óleo, pão), os gestos (soprar, ficar de pé, sentar, ajoelhar, impor as mãos) e as orações querem nos levar a participar da Páscoa de Cristo. A liturgia e os sacramentos tornam presente a graça de Deus invisível. Partimos do que vemos para alcançarmos o que não vemos. Segundo São Leão Magno, o que era visível em nosso Salvador passou para os sacramentos da Igreja.

Deus transcende o invisível e age concretamente na história em favor da salvação da humanidade, através de sinais visíveis: acontecimentos que se perpetuam, em seu conteúdo salvífico, em ritos memoriais como a travessia do mar Vermelho ou a Ressurreição de Jesus. Esses eventos são denominados mistérios, pois são decorrentes do próprio mistério que é Cristo. Eles têm por função aperfeiçoar e completar a revelação, confirmando-a pelo testemunho divino.[1]

Para Cristo converge o plano da salvação. Ele é o sinal da presença de Deus, o mediador e o mistério revelador do eterno plano de amor de Deus para a humanidade. Cristo se fez homem para nos salvar; por isso, ele é o sacramento do Pai, a expressão visível do invisível. A liturgia continua no tempo a ação de Cristo; ela é o exercício do sacerdócio de Cristo na Igreja. A ação salvadora que brota de seu lado aberto na cruz continua viva e eficaz na Igreja. O Mistério Pascal de Cristo (sua paixão, morte, Ressurreição e ascensão) é o ponto culminante de toda a vida e obra de Jesus. A Páscoa é realmente o centro de toda a história da salvação. Desde que Jesus se tornou um de nós pela encarnação, ele nos uniu a si pelo dom do Espírito Santo, que é o fruto da sua Páscoa; somos um com ele e ele conosco, como membros de seu corpo místico, como filhos e filhas do Pai do céu.

Todos os sacramentos procedem da Páscoa. Desde o dia do Batismo, em que fomos submergidos em Cristo, até a hora da morte, a última Páscoa do cristão, participamos de sua Páscoa: doando a vida, servindo e amando o próximo como ele o fez, a ponto de morrer na cruz. Todo o caminho é uma vivência progressiva da Páscoa de Cristo comunicada a cada um de nós. Dessa forma, a liturgia, o Ano Litúrgico e todos os sacramentos têm a tarefa comum de produzir a configuração da pessoa na Páscoa de Cristo.

---

[1] Cf. ALDAZÁBAL, José. *A mesa da Palavra I: elenco das leituras da missa*; comentários. São Paulo, Paulinas, 2007. pp. 119-120.

Em nossa história presente, o próprio Cristo ressuscitado, vivo e vivificador segue atuando em nós. Cristo glorificado "age agora por meio dos sacramentos instituídos por ele para comunicar a sua graça".[2] Todos os outros acontecimentos da história acontecem uma vez e depois passam, são engolidos pelo passado. Já o Mistério Pascal de Cristo não pode permanecer somente no passado, mas participa da eternidade divina, abraça todos os tempos e se mantém permanentemente presente.[3] Os sacramentos são eficazes porque quem atua neles é o próprio Cristo.

O Espírito, doador da vida

Mas tudo isso só é possível pelo Espírito. "O Espírito cura e transforma os que o recebem, conformando-os com o Filho de Deus."[4] O principal animador da celebração é o Espírito, Senhor e doador da vida. Ele é quem vivifica a palavra proclamada e nossa oração. Ele é o espaço em que recebemos a graça pascal de Cristo, é ele, portanto, que torna eficazes a liturgia e os sacramentos.

O Espírito atualiza, por seu poder transformador, o mistério de Cristo. Por isso, invocamos sua presença durante as celebrações. Ele, como o fogo, transforma em vida divina tudo o que se submete a seu poder: habita nas celebrações, nos sacramentos, enchendo-os de graça e fazendo deles acontecimentos salvíficos.

O Espírito fortalece os apóstolos e os discípulos. Assim, a Igreja, liderada pelos apóstolos e formada por todos os que aderem com fé a Cristo Ressuscitado, continuou no mundo seus gestos salvadores. A exemplo e em nome de Jesus Cristo, a Igreja acolhe e abençoa as crianças, perdoa os pecadores, cura os enfermos, batiza as pessoas, sacia os famintos e assiste os noivos. Isso só é possível porque quem atua no tempo da Igreja é o Espírito do próprio Cristo.

---

[2] *Catecismo da Igreja Católica*, n. 1084.
[3] Cf. ibid., n. 1085.
[4] Ibid., n. 1129.

Vivência

Celebramos na liturgia nossa vida transcorrida no dia a dia à luz do mistério da Páscoa de Cristo. Quando nos reunimos em assembleia, nos colocamos em união com a Trindade e oferecemos todo o nosso ser, toda a nossa vida. Por isso dizemos que a liturgia é o *cume* de nossa vida. Ao mesmo tempo, ali recebemos a força e a graça do Espírito Santo, para realizarmos nossos atos futuros na santidade que brota daquela oração. A liturgia é *fonte* de graça e de santidade, pois o culto começa na celebração e se estende e adquire plena verdade ao se encarnar em todas as nossas ações na vida. Assim, acontece o culto em espírito e verdade, como queria Jesus (cf. Jo 4,23).

Reflita com os catequizandos: Por que afirmamos que a Eucaristia dominical é o cume e a fonte de todas as nossas ações?

Oração

Comentarista: *O Reino de Deus é um acontecimento que coincide com a pregação e o ministério de Jesus, sendo ele mesmo a Boa-Nova. Jesus permanece vivo em sua Igreja. A liturgia comemora Cristo ressuscitado atuante em sua Igreja. A vinda do Reino é reconhecível pela fé e nos sinais que Jesus realiza.*

Leitor 1: *Jesus veio proclamando a Boa-Nova de Deus: "Completou-se o tempo, e o Reino de Deus está próximo. Convertei-vos e crede na Boa-Nova" (Mc 1,14b-15).*

Todos: *Venha a nós o vosso Reino. Vinde, Senhor Jesus!*

Leitor 2: *Jesus vai à casa de Zaqueu, homem rico e chefe dos publicanos (coletores de impostos e tidos como pessoas impuras porque extorquiam o povo). Após Zaqueu se converter, Jesus proclama: "Hoje aconteceu a salvação para esta casa. O Filho do Homem veio procurar e salvar o que estava perdido" (Lc 19,9b-10).*

Todos: *Venha a nós o vosso Reino. Vinde, Senhor Jesus!*

Leitor 1: *Enquanto estava à mesa na casa de Mateus, vieram muitos publicanos e pecadores e sentaram-se à mesa, junto com Jesus e seus discípulos (Mt 9,10).*

Todos: *Venha a nós o vosso Reino. Vinde, Senhor Jesus!*

Leitor 2: *Jesus responde aos emissários de João Batista: "Ide contar a João o que estais ouvindo e vendo: cegos recuperam a vista, paralíticos andam, leprosos são curados, surdos ouvem, mortos ressuscitam e aos pobres se anuncia a Boa-Nova" (Mt 11,4).*

Todos: *Venha a nós o vosso Reino. Vinde, Senhor Jesus!*

Comentarista: *O Espírito Santo continua a missão de Cristo no mundo, faz o Reino prosseguir na história até ser tudo em todos.*

Leitor 1: *"Quando ele vier, o Espírito da Verdade, vos guiará em toda a verdade. Ele não falará por si mesmo, mas dirá tudo quanto tiver ouvido e vos anunciará o que há de vir" (Jo 16,13).*

Todos: *Vinde Espírito Santo, enchei os corações dos vossos fiéis e acendei neles o fogo do vosso amor. Enviai o vosso Espírito e tudo será criado e renovareis a face da terra.*

Catequista: *Senhor, nosso Deus, que pela luz do Espírito Santo instruístes os corações dos vossos fiéis, fazei-nos dóceis ao mesmo Espírito para que apreciemos todas as coisas, segundo o mesmo Espírito, e gozemos sempre de sua consolação. Por Cristo, Senhor nosso.*

Ano Litúrgico

Todos os domingos vamos à missa para celebrar algo relacionado à vida de Cristo. Cada vez é proclamado um Evangelho diferente junto com leituras que parecem não ter nada a ver uma com a outra. Uma hora há flores no presbitério (onde fica o presbítero, o padre), outras vezes não. Às vezes se canta com entusiasmo e repetidamente o *Aleluia*, às vezes a celebração transcorre com moderação, sem muita alegria. As celebrações se diferenciam porque as cores mudam: em um domingo usa-se o vermelho, por certo tempo usa-se o roxo, ou o branco, ou então o verde. Quais são os motivos disso?

Na Igreja, celebramos a Páscoa durante o ano inteiro, pois ela é o mistério central da nossa salvação. Ao celebrá-la, fazemos memória dos acontecimentos salvadores que Jesus realizou junto com o seu povo. Para recordar esses fatos, a Igreja usa uma linguagem própria: leitura da Bíblia variada, cores diferentes, uso ou não de flores, alegria, moderação. É importante perceber que esse tempo da Igreja, chamado Ano Litúrgico, não coincide com o início e o fim do ano civil.

A Igreja, ao longo do ano, celebra os mistérios da vida de Jesus e da Virgem Maria, a qual viveu a vontade do Pai como fiel discípula de seu Filho. Celebra também o mistério da graça que os santos encarnaram e nos dão o grande exemplo de serem testemunhas do Evangelho.

O Ano Litúrgico contribui para reproduzir em nós a vida de Cristo, cumpre com a necessidade de incorporar os fiéis ao mistério da salvação, reproduzindo neles a imagem do Filho de Deus feito homem (cf. Rm 8,29; 1Cor 15,49). "Através do ciclo anual a Igreja comemora todo o mistério de Cristo, da encarnação ao dia de Pentecostes e à espera da vinda do Senhor."[5]

Ao celebrar os acontecimentos protagonizados por Cristo (sua transfiguração, curas, ensinamentos, encontros com a samaritana ou Nicodemos, sua paixão, morte e Ressurreição), a Igreja faz memória deles e torna-nos seus contemporâneos.

Assim, vivemos em um contínuo *hoje*, um tempo novo de graça e de salvação, inaugurado por Cristo, na força do Espírito, e que se faz presente no meio de nós (cf. Mc 1,15). Nas solenidades é comum ouvirmos expressões que mostram essa atualidade: "Vosso Filho Jesus, Rei da Glória, subiu *hoje* ante os anjos maravilhados ao mais alto dos céus" (prefácio da Ascensão do Senhor I); "Derramastes, *hoje*, o Espírito Santo prometido" (prefácio: o mistério de Pentecostes).

---

[5] *Normas universais do Ano Litúrgico*, n. 17.

A cada ano celebramos os mesmos fatos históricos da vida de Cristo, mas sempre de maneira diferente, pois não somos os mesmos, já nos convertemos, tornamo-nos mais próximos de Deus.

O ano civil segue o ciclo do sol, por isso, as datas são fixas. Já o calendário litúrgico, que tem como centro e cume a celebração anual da Páscoa, segue o ciclo lunar e por isso é móvel. O Ano Litúrgico está marcado pelos dois grandes ciclos da Páscoa e do Natal e pelas trinta e quatro semanas do Tempo Comum.

Ciclo Pascal

Contempla quarenta dias de preparação, chamados *Quaresma*, tempo de jejum, oração e prática da caridade. O Tríduo Pascal resplandece como o ápice de todo o Ano Litúrgico, e os cinquenta dias do Tempo Pascal são considerados como um dia de Páscoa, como um grande domingo. O domingo de Pentecostes encerra esse tempo de alegria, de comemoração da ação do Ressuscitado na Igreja.

Ciclo do Natal

Comemora o nascimento do Senhor e suas primeiras manifestações. Esse tempo de preparação e expectativa é chamado de Advento (chegada), formado por quatro semanas. As duas primeiras recordam a segunda vinda de Cristo em sua grandeza e majestade, e as duas mais próximas do Natal, a sua primeira vinda à fragilidade da carne humana, do menino envolto em panos.

O tempo do Natal se estende da comemoração da Vigília do Natal até a comemoração do Batismo do Senhor. Nesse período celebram-se a Santa Mãe de Deus e a Epifania (revelação) do Senhor.

Tempo Comum

Nas trinta e três ou trinta e quatro semanas do Tempo Comum não se celebra nenhum aspecto especial do mistério do Cristo. Comemora-se nelas o próprio mistério de Cristo em sua plenitude, principalmente aos domingos, considerados como Páscoa semanal.

Cores litúrgicas

A liturgia distingue cada tempo próprio com alguns elementos que caracterizam seu sentido. A Quaresma, como tempo de conversão, está marcada pela sobriedade e austeridade. Usam-se paramentos *roxos*. Não se canta o *Aleluia* e o *Glória*. Não se usam flores para ornamentar o presbitério. Normalmente a comunidade celebra mais intensamente a Penitência.

O Tempo Pascal se caracteriza pela alegria. A liturgia canta o *Aleluia* e o *Glória*, acende-se o círio pascal, usa-se a cor *branca* ou *dourada*, e os textos bíblicos falam das peripécias dos apóstolos para iniciar a Igreja e das aparições do Ressuscitado.

No Advento, por ser tempo de expectativa, usa-se o *roxo*. Prepara-se a chegada do Senhor por meio de sua Mãe, Maria, João Batista e os profetas. Com essa finalidade, algumas comunidades montam a coroa com as quatro velas do Advento.

No tempo do Natal, nas comemorações do Senhor, da Virgem e dos santos não mártires, usa-se a cor *branca*. Nas comemorações dos mártires, do Espírito Santo, o *vermelho*.

Para o Tempo Comum a cor usada é o *verde*.

27º encontro

Celebrar o dom do Espírito

OBJETIVO

Celebrar a Crisma em íntima relação de unidade com o Batismo e a Eucaristia, a fim de chegar à perfeita participação na vida e na missão de Jesus.

REFLEXÃO

Proclamar: *Jo 7,37b-39 – Rios de água viva brotarão do seu seio.*
Jo 14,23-26 – O Espírito Santo vos ensinará todas as coisas.

"Os batizados prosseguem o caminho de sua iniciação cristã através do sacramento da Confirmação, pelo qual recebem o Espírito Santo que o Senhor enviou sobre os apóstolos no dia de Pentecostes."[1]

Quando a Confirmação é celebrada em separado do Batismo, a liturgia do sacramento começa com a renovação das promessas do Batismo e com a profissão de fé dos crismandos. Assim aparece com maior clareza que a Confirmação está unida ao Batismo.

Em seguida, o bispo estende as mãos sobre o conjunto dos confirmandos, gesto que, desde os apóstolos, é sinal de comunicação do dom do Espírito, que completaria a graça do Batismo (cf. At 8,15-17; 19,5ss).

---
[1] *Rito da Confirmação*, n. 1.

Já no início da Igreja, para melhor significar o dom do Espírito Santo, acrescentou-se à imposição das mãos uma unção com óleo perfumado, o óleo do santo crisma. Essa unção ilustra o nome de "cristão", que significa "ungido" e que tem origem do próprio nome de Cristo, ele que *Deus ungiu com o Espírito Santo* (At 10,38).[2] Constitui o rito essencial do sacramento da Crisma, o qual confere o Espírito Santo através da unção com santo óleo do crisma na fronte pelo bispo.

Se olharmos na Bíblia, o significado de unção é rico. O óleo é sinal de abundância e de alegria. Ele purifica as pessoas antes e depois do banho; torna a pessoa mais ágil (unção dos atletas e dos lutadores); é sinal de cura, pois ameniza as contusões e as feridas; e faz irradiar beleza, saúde e força.

Todos esses significados estão presentes no sacramento da Confirmação. A unção crismal é o sinal de uma consagração. Portanto, "pela Confirmação, os cristãos, isto é, os que são ungidos, participam mais intensamente da missão de Jesus e da plenitude do Espírito Santo, de que Jesus é cumulado, a fim de que toda a vida exale o bom odor de Cristo".[3] Por essa unção, o crismando recebe o "selo", a "marca" do Espírito Santo, que marca a pertença total a Cristo, para sempre, bem como a promessa da proteção divina.

Vivência

Através do Espírito Santo os discípulos são investidos de poder, que os capacita e orienta para anunciarem a Boa-Nova e cumprirem o ministério iniciado por Cristo durante sua missão terrena. "Recebereis uma força, a do Espírito Santo, que descerá sobre vós, e sereis minhas testemunhas em Jerusalém, em toda a Judeia e Samaria, e até os confins da terra" (At 1,8). "Deveis, pois, dar diante do mundo testemunho de sua paixão e Ressurreição, de modo que a vossa vida seja em toda parte o bom odor de Cristo

---

[2] Cf. *Catecismo da Igreja Católica*, nn. 1288-1289.
[3] Ibid., n. 1294.

[...]. Sede portanto membros vivos dessa Igreja e, guiados pelo Espírito Santo, procurai servir a todos, à semelhança do Cristo, que não veio para ser servido, mas para servir."[4]

Como anunciar o Evangelho hoje em dia? Converse no grupo sobre as maneiras que o cristão dispõe hoje para anunciar a Boa-Nova. Como cada um se propõe a ser mensageiro do Evangelho?

ORAÇÃO[5]

RICA 119: O sacerdote ou o catequista estende as mãos na direção dos candidatos, os quais se colocam de joelhos. Ao terminar, os catequizandos aproximam-se do **sacerdote ou do catequista**. Este impõe as mãos sobre cada candidato e em seguida reza:

Senhor Jesus Cristo, amigo e Redentor da humanidade, em vosso nome todos devem ser salvos e diante de vós todo joelho se dobre, no céu, na terra e nos abismos. Nós vos rogamos em favor destes vossos servos e servas, que vos adoram como verdadeiro Deus. Perscrutai seus corações e iluminai-os; afastai deles toda tentação e inveja do inimigo, e curai-os de seus pecados e fraquezas para que, aceitando vossa vontade benévola e perfeita, obedeçam fielmente ao Evangelho e sejam dignos da habitação do Espírito Santo. Vós que viveis e reinais para sempre.

Todos*: Amém.*

---

[4] *Rito da Confirmação*, homilia, n. 22. No final do encontro, o grupo coloca-se em atitude de oração. Recomenda-se cantar ao Espírito Santo. *RICA*, n. 118.

[5] No final do encontro, o grupo coloca-se em atitude de oração. Recomenda-se cantar ao Espírito Santo. *RICA*, n. 118.

28º encontro
Sacramento da Confirmação

OBJETIVO

Celebrar a Crisma em íntima relação de unidade com o Batismo e a Eucaristia, a fim de chegar à perfeita participação na vida e na missão de Jesus.

REFLEXÃO

Criar um clima de fé, de oração e de expectativa do "novo". Iniciar com um canto, uma leitura bíblica, uma palavra de motivação e um momento de oração pessoal.

No Segundo Testamento, Jesus Cristo recebe o Espírito Santo em seu Batismo. Os discípulos e Maria também recebem esse dom e são consagrados como discípulos do Senhor Ressuscitado.

A evolução histórica do sacramento da Confirmação nos indica que nos tempos apostólicos e na Igreja dos primeiros séculos não havia a separação ritual entre o Batismo e a Confirmação, pois a iniciação cristã se concretizava na Vigília Pascal, quando o neófito era plenamente introduzido na comunidade cristã e participava da ceia pascal, permitida somente aos fiéis cristãos.

No mundo oriental, a Confirmação era realizada logo depois do Batismo, mesmo para as crianças. O sacerdote que batiza é o mesmo que confirma. Na Igreja ocidental, temos a unidade dos três sacramentos da iniciação no primeiro milênio, depois sua separação ritual. Assim, a Confirmação foi reservada ao bispo. Normalmente, a pessoa era batizada pelos ministros sacerdotes em suas comunidades, e em ocasiões especiais o bispo confirmava essa pertença à Igreja, ao corpo místico de Cristo.

Com o passar do tempo, esse rito foi considerado distinto do Batismo. Este último passou a ser visto como incorporação no Cristo, e a Confirmação, no Espírito Santo. Em cada época, passou-se a salientar um aspecto específico do sacramento. No século V, a unção crismal tornava o cristão um "soldado ou cavaleiro de Cristo", militante destemido, capaz de suportar tudo e de dar a vida por Cristo. No século IX, a unção crismal capacitava o cristão para o testemunho público da fé: pregar, defender, viver na sociedade a fé cristã. No século XII, a unção crismal consagrava a pessoa para circunstâncias decisivas na vida, como as decisões, responsabilidades, liderança. Todos esses elementos em conjunto significam os efeitos próprios do sacramento.

Finalmente, no período moderno, a unção crismal passou a realizar o que no Segundo Testamento se refere ao "Batismo no Espírito". Ele representa um dom para assumir com liberdade e consciência a própria adesão batismal. Em nossa teologia atual, a Confirmação significa um sinal especial de inserção da pessoa na vida e missão da Igreja e compromisso com a transformação evangélica da sociedade.

O ritual do sacramento deixa claro que toda a comunidade se prepara para receber o mistério da Confirmação. O bispo, ou o sacerdote delegado para essa função, impõe as mãos sobre o conjunto dos crismandos e reza. Em seguida, em um gesto de consagração e de libertação, o bispo impõe a mão sobre a fronte do crismando, invocando a força divina sobre sua vida. No ápice desse sacramento, o candidato é ungido com óleo consagrado, como símbolo de eleição divina, de força e de alegria. Nesse instante, o sinal da cruz associa o jovem ao mistério da cruz de Cristo, para que a força do Espírito Santo vença os sofrimentos, e o catecúmeno seja sempre fiel. Esse é o selo do mistério espiritual do sacramento.

Vivência

Viver a Confirmação significa participar da comunidade, comprometer-se com a vida da Igreja, ser sal e luz no coração da própria família e atuar nas lutas transformadoras da sociedade. Crismar-se significa tornar-se um militante da paz da transformação das estruturas sociais, na luta pela igualdade social, pela derrota dos preconceitos, pela dignidade de todos os povos. Receber o sacramento da Crisma é assumir a proposta de Jesus. Essa é a mística de todo cristão que assume profundamente seu papel na história da humanidade.

Sugestão para trabalho em grupo

Bloco 1

a) Qual é o sentido da "unção", segundo a Sagrada Escritura, e que a Igreja aplica à unção crismal?

b) A partir do texto lido por Jesus na sinagoga, para que tipo de missão o Espírito Santo nos envia?

c) Explicite o simbolismo da imposição das mãos na Bíblia.

Bloco 2

a) Qual o sentido próprio do termo "Confirmação" usado para o sacramento?

b) Converse sobre a riqueza dos diversos significados e sentidos do sacramento da Confirmação hoje.

Bloco 3

a) Qual a importância dos padrinhos e madrinhas de Confirmação, se os jovens já devem assumir por si mesmos a sua fé?

b) Em que nossa comunidade pode melhorar ainda mais a pastoral da Crisma ou Confirmação?

c) Quais os compromissos dos que recebem a Confirmação em face da situação de injustiça, de miséria e de corrupção em nosso país?

ORAÇÃO

Comentarista: *O gesto de imposição de mãos sobre a cabeça de alguém é muito usado na Bíblia, e quer significar a transmissão de poderes, ou a bênção, ou o perdão. Jesus cura, bendiz e perdoa fazendo esse gesto. A comunidade cristã o utiliza para transmitir sobre os batizados o Espírito Santo (cf. At 8,17; 19,6). Na Confirmação, o gesto, junto com a unção com o óleo (crismação), expressa a transmissão do dom do Espírito. A fórmula do sacramento – "Recebe por este sinal o Espírito Santo, dom de Deus" – especifica a graça que se invoca e se comunica sobre a pessoa.*

Canto ao Espírito Santo

Comentarista: *Vamos invocar a graça e a força do Espírito Santo sobre aqueles que irão proximamente receber o sacramento da Crisma, para que tenham seus corações purificados de toda mentira e possam desejar o Reino como o maior tesouro de suas vidas.*

Fazer silêncio e pedir aos crismandos para abaixarem a cabeça. Os catequistas estendem as mãos em direção aos jovens, oram em silêncio e depois rezam:

Oremos. Deus, que ungistes vosso Filho nas águas do rio Jordão com o Espírito Santo e o entregastes para a nossa salvação, olhai estes vossos crismandos, que se dispõem com fervor para receber a Crisma. Abençoai-os e, fiel às vossas promessas, preparai-os e santificai-os para serem dignos dos vossos dons e possam, assim, ser configurados mais perfeitamente ao vosso Filho e ser testemunhas do Reino de vosso Filho. Por Cristo, nosso Senhor.

Todos: *Amém.*

Rezar o Pai-Nosso e dar a bênção final.

29º encontro

Penitência

OBJETIVO

Sensibilizar a respeito do pecado na vida cristã, a fim de celebrar frutuosamente o sacramento do perdão (Penitência).

REFLEXÃO

Utilizar como mensagem para ser ouvida e comentada a música do Pe Zezinho "Quando a gente encontra Deus". Há também o recurso pedagógico do DVD: *Reconciliação*. São Paulo, Paulinas Multimídia, 2005. Série sacramentos 3.

QUANDO A GENTE ENCONTRA DEUS

Pe. Zezinho, scj

Quando a gente encontra Deus
Quer ficar cada dia menor
Quer ver Deus cada dia maior
No coração de cada pessoa
Quando a gente encontra Deus
Quando encontra de verdade
A grande luz
Diz o que disse João
Ao falar de Jesus:

Não, não, não, não sou a luz
Mas conheço quem dela veio
Sou somente um religioso.

Quando a gente encontra Deus
Todo dia lhe pede perdão
E do fundo do seu coração
Se entrega a Deus e nele confia

Quando a gente encontra Deus
Quando encontra de verdade
A grande luz, diz o que disse João
Apontando Jesus:

A verdade não sou eu
E também não sou o caminho!
Sou apenas uma seta
Sou apenas um profeta!

Quando a gente encontra Deus
Coração não consegue calar
Vai aos outros, vai testemunhar
O quanto é bom viver de esperança.

Quando a gente encontra Deus
Quando vive de verdade
O verbo amar
Pede perdão e perdoa
E não quer mais pecar,

Também eu sou filho seu
Em Jesus eu fui libertado
Perdoei, fui perdoado...

Proclamar: Lc 15,11-32 – *Quando o Pai o avistou e foi tomado de compaixão, correu, se lançou ao pescoço dele e o cobriu de beijos.*

Ao analisar a parábola, vemos que:

- o *respeito à liberdade* do Pai em relação aos filhos deixa cada qual escolher seu caminho, sem ser autoritário e possessivo;

- o *ver de longe* revela o caráter penetrante e benevolente de quem espera com saudade;

- o *correr* do Pai, ainda que para um oriental idoso isso fosse considerado abaixo de sua dignidade, mostra que sua misericórdia e a vida estão acima de qualquer outro valor;

- o *lançar-se ao pescoço* do filho, em vez de sufocá-lo como faziam os escribas e fariseus com sua moral legalista, acolhe-o e reconforta-o;

- o *beijo* é sinal de perdão (cf. 2Sm 14,33) e reintegração à casa paterna;

- à festa do Pai todos são convidados.

O irmão mais novo representa todos os marginalizados e excluídos do círculo dos "justos" da sociedade "justa, limpa e sadia". O filho mais velho, cego pelo seu egocentrismo, não consegue entender o gesto do Pai. Trata-se de uma crítica ferrenha de Lucas àqueles fariseus e escribas moralistas que não entendem a atitude benevolente de Jesus para com os publicanos e pecadores. A personagem principal, absolutamente exemplar, só pode ser o pai: tudo o que ele faz é revelação do que Deus quer e realiza através de Jesus.

Pecado é tudo aquilo que destrói a vida; é tudo aquilo que vai contra o projeto de Deus para os seres humanos. Só é percebido à medida que o ser humano se coloca diante de Deus e nota que rompeu o diálogo com ele. Perdendo-se de Deus, o ser humano perde-se das outras pessoas que o cercam. O pecado não é só o mal que fazemos, mas também o bem que deixamos de fazer, o que se chama omissão. Embora seja sempre ato de uma pessoa, o pecado provoca ondas de repercussão (pecado social).

O perdão é a expressão máxima do amor, da bondade e da misericórdia. Por isso, duvida-se que quem não vê pecado em lugar algum conheça e experimente o amor. Deus quis perpetuar essa forma de amor através da Igreja. Por isso, após a Ressurreição, entregou aos apóstolos essa missão: "A quem perdoardes os pecados, serão perdoados; a quem os retiverdes, ficarão retidos" (Jo 20,23). Deus é um Pai de misericórdia que está disposto a perdoar sempre. O que ele precisa é do mínimo aceno de nossa vontade para alcançar-nos com seu amor.

Sacramento

O sacramento da Penitência renova a graça do Batismo, é uma ação do Espírito Santo. Se dizemos que o Batismo nos faz nascer para a vida nova na graça, a Reconciliação nos faz renascer para a graça que abandonamos por nossos pecados. O pecador, sozinho, tem dificuldade em retornar à vida nova; precisa da ação santificadora do Espírito para voltar ao verdadeiro caminho. Aqueles que se aproximam da Penitência obtêm da misericórdia divina o perdão da ofensa feita a Deus e ao mesmo tempo são reconciliados com a Igreja que feriram pecando.

Penitência significa íntima transformação do coração pela força da Palavra de Deus. Após a celebração da Palavra, a participação no sacramento da Penitência requer do penitente:

Exame de consciência: faz-nos pensar em nosso projeto de vida, para analisar nossos objetivos de vida. O que nos impede de prosseguir rumo à meta estabelecida? Quais atitudes devemos nos corrigir e quais melhorar ainda mais? Prejudicamos alguém? Cumprimos nossas obrigações na família, na escola, no trabalho? Como entendo a relação com o(a) namorado(a)? Como trato o pessoal em casa? Que compromissos assumi com minha fé?

Arrependimento: não basta conhecer nossas faltas; é preciso querer não as repetir.

Confissão dos pecados: diante de um sacerdote relatamos nossas faltas, sem omitir o que julgamos de gravidade. Depois ele nos aconselha, dizendo quais os cuidados e o melhor caminho a ser tomado. Diz a penitência que deve ser cumprida como satisfação do mal cometido. Pede para rezar o ato de contrição e em seguida reza a fórmula da absolvição.

Propósito de mudança e cumprimento da penitência: é mudar de vida em coerência com a conversão do coração; a penitência ganha sentido quando se traduz em atos e gestos concretos. Ela é, portanto, um exercício de luta contínua, de conversão diária diante de tudo aquilo que nos prende nas tramas do egoísmo.

VIVÊNCIA

"Dona Amélia era viúva e pequena comerciante. Havia lutado muito para dar estudo ao seu único filho.

Depois de formado no ensino médio, o rapaz foi trabalhar na contabilidade do mercadinho da mãe. Mas, um dia, entrou um jovem com uma arma e o assassinou, só porque o dinheiro do caixa era muito pouco. A dor e o sofrimento da mãe foram terríveis; porém, aquela senhora de fé profunda teve uma iniciativa que admirou toda a vizinhança. Aos domingos, visitava no presídio o assassino do seu filho e, após muitos anos, quando acabou a pena, o homem, já bem adulto, foi libertado e ela, já idosa, o convidou para trabalhar na sua pequena empresa.

No começo, quase toda a freguesia sumiu, porque as pessoas não confiavam no ex-presidiário e tinham medo de frequentar o mercadinho. Mas dona Amélia não se abalou. Um dia, seu João entrou para comprar café e criou coragem de começar uma prosa com o caixa:

– Então, meu amigo, está contente aqui no mercado da dona Amélia?

– Nem me diga, seu João. Agora me sinto um filho de Deus.

– Por quê? Antes não se sentia?

– Não senhor. Eu fui criado no abandono, sem mãe nem pai. Eu não esperava que um dia alguém ia achar que eu merecia consideração.

– Todos somos filhos de Deus, meu amigo.

– É, mas a gente só acredita nisso quando uma pessoa tem coragem de nos perdoar e acreditar que valemos alguma coisa.

– É verdade. Só Deus pode dar força para uma pessoa fazer isso.

Daquele dia em diante, um a um, os fregueses foram voltando ao mercadinho de dona Amélia. Talvez seu João tenha espalhado uma boa-notícia no bairro."[1]

Peça aos crismandos que conversem entre si sobre o que de fato implicou o perdão de dona Amélia.

---

[1] EQUIPE DE ANIMAÇÃO BÍBLICO-CATEQUÉTICA DO REGIONAL CENTRO-OESTE. *Viver em Cristo*; caminho da fé com adultos. São Paulo, Paulinas, 2006. p. 51. Caso verídico ocorrido mais ou menos nestes termos na cidade de Lorena (SP).

ORAÇÃO

A equipe animadora organizará uma celebração comunitária da Penitência com confissão e absolvição individual dos pecados. O *Ritual da Penitência*, nn. 48-60, apresenta o modelo completo com muitas opções. No *apêndice* do *Ritual* acha-se uma excelente sugestão de celebração com jovens (cf. nn. 54-61). Meditar com o grupo o significado da fórmula de absolvição:

Ritual da Penitência, n. 19: "A fórmula da absolvição mostra que a reconciliação do penitente procede da misericórdia do Pai; indica o nexo entre a reconciliação do pecador e o Mistério Pascal de Cristo; exalta a ação do Espírito Santo no perdão dos pecados e finalmente evidencia o aspecto eclesial do sacramento, uma vez que a reconciliação com Deus é solicitada e concedida pelo ministério da Igreja".

Fórmula da absolvição

Deus, Pai de misericórdia, que, pela morte e Ressurreição de seu Filho, reconciliou o mundo consigo e enviou o Espírito Santo para remissão dos pecados, te conceda, pelo ministério da Igreja, o perdão e a paz. E eu te absolvo dos teus pecados, em nome do Pai, e do Filho, e do Espírito Santo. Amém.

Recomenda-se a celebração da penitência com a participação dos pais ou responsáveis. Cf. o Ritual de Penitência, nn. 54 a 61 – Celebração Penitencial para Jovens.

Unidade IV
Mistagogia

30º encontro

A vida nova

OBJETIVO

Conhecer a prática da vida nova trazida por Cristo, a fim de renascer para a vida que o Espírito anima na acolhida do Reino.

REFLEXÃO

Proclamar: *Rm 8,3-13 – Não procedemos segundo a carne, mas segundo o Espírito.*

    A graça do Batismo nos leva a seguir os mesmos passos de Jesus, ou seja, trazer para a nossa vida o Evangelho de salvação que Cristo levou às últimas consequências.

    A palavra Batismo significa "mergulhar", "imergir". Fomos mergulhados na água da vida que Cristo derramou. Em João 19,34, um dos soldados transpassou-lhe o lado com a lança e imediatamente correu sangue e água. Meditando sobre isso, a Igreja percebeu os sacramentos do Batismo e da Eucaristia. A água do lado aberto do coração de Jesus é o mais puro amor de Deus pela humanidade. Esse amor traz vida nova. O amor é o único capaz de romper com o pecado. Seguindo os passos de Jesus, ao sermos mergulhados na água da vida do Batismo, Deus coloca em nós a fé, a esperança e o amor, para sermos capazes de viver de acordo com o seu projeto.

À samaritana (cf. Jo 4,1-42), Jesus diz: "Se conhecesses o dom de Deus e quem é que te diz: 'Dá-me de beber', tu é que lhe pedirias e ele te daria água viva" (v. 10). Jesus afirma que ele próprio é a água viva, a única água que realmente mata a sede do coração humano. O Batismo é água viva.

O grande apóstolo dos gentios, São Paulo, na Carta aos Romanos 8,5-13, nos ensina como todo batizado deve ser e viver. Faz uma distinção entre dois estilos de vida:

- "Os que vivem segundo a carne desejam as coisas da carne, e os que vivem segundo o espírito, as coisas que são do espírito" (v. 5).

- "Se Cristo está em vós, o corpo está morto, pelo pecado, mas o Espírito é vida, pela justiça" (v. 10).

- "Se viverdes segundo a carne morrereis, mas se pelo Espírito fizerdes morrer as obras do corpo, vivereis" (v. 13).

Interessa-nos o que esse texto fala sobre o Batismo. Paulo faz uma distinção entre, de um lado, aqueles que vivem segundo a carne e desejam o pecado, e, do outro, aqueles que vivem segundo o Espírito e aspiram aos bens do Reino. O Batismo nos impulsiona a vivermos em união com Cristo e a nos distanciarmos do que não colabora com o testemunho cristão no mundo, o pecado. Quem vive segundo o Espírito de acordo com Paulo? Os batizados conscientes de sua missão. Quem vive segundo a carne? Aqueles que não conhecem a Cristo ou então aqueles batizados que vivem presos aos bens deste mundo e agem de acordo com sua lógica.

O Batismo, enquanto vida nova em Cristo, nos faz participantes da salvação em Cristo. Essa vida nova nos faz romper com o pecado, lutar contra ele e viver de acordo com Cristo, no seguimento e no testemunho do Reino.

Filiação divina

Romanos 8,14-17 mostra-nos a graça de sermos, pelo Batismo, chamados filhos de Deus. Quem nos faz filhos de Deus? "Todos os que são conduzidos pelo Espírito de Deus são filhos de Deus" (v. 14). Pelo Batismo, recebemos o Espírito de filiação de Jesus, que veio habitar em nosso peito. Uma vez que o Pai encontra em nós o mesmo Espírito de seu Filho, reconhece-nos como tais e nós podemos clamar, como Jesus: Abbá! Pai.[1] O Batismo nos concede o Espírito e nos permite participarmos da vida divina.

A unção que recebemos no Batismo é "selo", "marca" do próprio Espírito que nos identifica com Cristo, nos faz divinizados, filhos do Pai do Céu. O Batismo nos faz filhos e herdeiros de Deus (cf. v. 17).

VIVÊNCIA

Ao comparar o pecado e a vida no Espírito, Paulo nos exorta a deixarmos para trás o homem e a mulher velhos para vivermos hoje a vocação a que fomos chamados como filhos e filhas de Deus. Pelo Batismo, somos chamados a antecipar os sinais de Ressurreição que trazem vida nova para o mundo.

Motive os catequizandos com as seguintes perguntas, ou semelhantes: *Temos percebido em nossa vida os sinais de Ressurreição? Em nossa paróquia, que sinais os cristãos apresentam ao mundo?* Em conformidade com a programação do grupo, é conveniente que algumas duplas apresentem suas observações sobre o estágio pastoral realizado na comunidade.

---

[1] Cf. também Gálatas 4,4-5.

ORAÇÃO[2]

RICA 119: O sacerdote ou o catequista estende as mãos em direção aos candidatos, os quais se colocam de joelhos. Ao terminar, os catequizandos aproximam-se **do sacerdote ou do catequista**. Este impõe as mãos sobre cada candidato e em seguida reza:

Oremos. Senhor Jesus Cristo, que no monte das bem-aventuranças quisestes afastar vossos discípulos do pecado e revelar o caminho do Reino dos Céus: preservai estes vossos servos e servas, que ouvem a palavra do Evangelho, do espírito de cobiça e avareza, de luxúria e soberba. Como discípulos vossos, julguem-se felizes na pobreza de alma e desejo de justiça, na misericórdia e pureza de coração; sejam portadores da paz e sofram as perseguições com alegria para terem parte em vosso Reino e, alcançando a misericórdia prometida, gozarem no céu o júbilo da visão de Deus. Vós que viveis e reinais para sempre.

Todos: *Amém.*

Dirigente: *O Senhor Jesus Cristo esteja contigo para te proteger.*

Todos: *Amém.*

Dirigente: *Esteja à tua frente para te conduzir, e atrás de ti para te guardar.*

Todos: *Amém.*

Dirigente: *Olhe por ti, te conserve e te abençoe.*

Todos: *Amém.*

Dirigente: *E a todos nós, aqui reunidos, abençoe-nos o Deus todo-poderoso, Pai e Filho e Espírito Santo.*

Todos: *Amém.*

---

[2] No final do encontro, o grupo coloca-se em atitude de oração. Recomenda-se cantar ao Espírito Santo. *RICA*, n. 116.

31º encontro

A Eucaristia: centro da vida cristã

OBJETIVO

Entender a Eucaristia dominical como ocasião privilegiada de conviver mais de perto com o Mestre.

REFLEXÃO

Retomar a temática do 15º encontro ("Como os discípulos de Emaús", p. 122).

Proclamar: *Jo 15,1-8 – Eu sou a verdadeira videira e meu Pai é o agricultor.*

Jesus é tanto o Pão da Vida que sacia a fome quanto a videira que distribui a seiva da vida em abundância (cf. Jo 6,35; 15,1). Ele disse: "Quem come a minha Carne e bebe o meu Sangue permanece em mim e eu nele" (Jo 6,56). A forma mais profunda de relacionar-se com Jesus é alimentar-se com o sacramento do seu sacrifício, para que ele permaneça em nós e, assim como os ramos estão unidos à videira, nós permaneçamos unidos a ele. Os discípulos permanecem em Cristo, como Cristo permanece em Deus e Deus em Cristo. A experiência de comunhão com Cristo é sempre interpessoal.

Nossa vida cristã, bem como tudo aquilo que a Igreja é e faz, nasce da Eucaristia. "A Eucaristia é *fonte e ápice* de toda a vida cristã."[1] Se tomamos como referência a celebração de cada domingo, para ela confluem todas as coisas, porque a Eucaristia é o próprio Cristo, princípio e fim. Ali, *glorificamos a Deus* com o que realizamos durante a semana: o estudo, os sentimentos e afetos, o relacionamento com as pessoas. Nada é mais importante e se sobrepõe à realidade de viver em Cristo; por isso a Eucaristia é *ápice*.

É *fonte de santificação* porque, em cada celebração, a Eucaristia alimenta a vida cristã com a graça do Espírito, possibilitando-nos realizar o culto em espírito e verdade, por meio das obras que realizamos diariamente. E a cada celebração, vamos nos transformando naquilo que recebemos, ou seja, realizamos existencialmente a Páscoa de Cristo em nossa vida. O mistério de morte e crucifixão se realiza no dia a dia como serviço de amor para gerar a Ressurreição, sempre na força do Espírito Santo.

Sentimo-nos chocados diante da miséria, da fome, da desnutrição de tantas pessoas. Nosso coração se enche de compaixão também por aqueles que o desânimo, a tristeza ou as lágrimas tomaram conta. Na Eucaristia, Cristo realiza a salvação no hoje de nossa vida. Salvação significa vida em abundância: tanto material (pão para saciar a fome) como espiritual (vida nova).

Essa vida nova se traduz em luta pela Ressurreição do próprio mundo: solidariedade, partilha, comunhão, justiça, amizade. Cristo é força e compromisso com o mundo novo que inclui a partilha com os irmãos e irmãs mais necessitados. Ele dá sentido à nossa vida e nos impulsiona a levar a Boa-Nova que revigora e anima a todos.

Uma vida pascalizada na força do Espírito resulta na semelhança com Cristo. Se neste mundo nos comportamos como discípulos de Cristo ao condividir com ele a sua missão, naturalmente teremos o mesmo destino de glória. Diz Jesus: "Eu sou o pão vivo, descido do céu [...]. Quem comer deste pão viverá eternamente" (Jo 6,51.54). Ele é o alimento dos que estão a

---

[1] *Catecismo da Igreja Católica*, n. 1324.

caminho da casa do Pai, em busca da vida eterna. A Eucaristia é o pão que gera a verdadeira vida.

Os sacramentos são uma realidade que pertence à Igreja peregrina no tempo, rumo à plena manifestação da vitória de Cristo ressuscitado. Pela celebração da Eucaristia nos é dado saborear antecipadamente a consumação dessa nova realidade que só é plena na eternidade. Fomos criados para a felicidade verdadeira e eterna do amor de Deus. Embora sejamos ainda "estrangeiros e peregrinos" (1Pd 2,11) neste mundo, pela fé participamos desde agora da vida ressuscitada.[2]

Vivência

"Toda vez que comemos deste pão e bebemos deste cálice, anunciamos Senhor a vossa morte e proclamamos a vossa vinda" (cf. 1Cor 11,26). Alimentados pelo Cristo na Eucaristia, queremos viver identificados com ele tanto na sua morte como na sua Ressurreição. Morte para o nosso pecado e luta contra o pecado do mundo. Ressurreição de nossa vida e compromisso de lutar pela Ressurreição do próprio mundo. Como discípulos temos a responsabilidade de realizar o mandado de Cristo de promover a vida em abundância (cf. Jo 10,10), de lutar contra as situações de pecado, especialmente o pecado da injustiça de um mundo onde poucos têm demais e muitos vivem apenas com migalhas.

Em conformidade com a programação do grupo, é conveniente que algumas duplas apresentem suas observações sobre o estágio pastoral realizado na comunidade.

Oração

Comentarista: *Olhamos ao nosso redor e damos graças. Tudo é dom de Deus. Mais do que uma fé infantil de quem só sabe rezar*

---

[2] Cf. BENTO XVI. Exortação Apostólica pós-sinodal *Sacramentum Caritatis*; sobre a Eucaristia, fonte e ápice da vida e da missão da Igreja. São Paulo, Paulinas, 2007. n. 30.

pedindo por tantas necessidades momentâneas, aquele que crê sabe que só uma coisa é necessária: sentir-se em comunhão com Deus, sentir a primazia do seu amor e de sua misericórdia sobre todas as necessidades humanas. O Pai nos conduz pela vida. A mais bela atitude do cristão é reconhecer o amor do Pai, que criou o mundo, a natureza, o ser humano, e saber dizer: "É nosso dever dar-vos graças e nossa salvação dar-vos glória em todo o tempo e lugar".

Entoar o mantra, Por tudo dai graças (1Ts 5,18).

Leitor 1: *Logo no início do cristianismo, a celebração do memorial do Senhor foi chamada Eucaristia, que quer dizer "ação de graças". Isso porque Jesus tomou o pão e deu graças, fazendo o mesmo com o vinho.*

Leitor 2: *A Oração Eucarística é a grande ação de graças que elevamos ao Pai pela obra da criação e por tê-la levado à perfeição, apesar de nossos pecados, com a morte e Ressurreição de seu Filho.*

Leitor 1: *Participamos, na força do Espírito Santo, da grande ação de graças que dia e noite sobe do trono do Cordeiro rodeado pelos quatro seres vivos, na Jerusalém celeste (cf. Ap 5,6-14).*

Catequista: *Na Oração Eucarística nos unimos com toda a natureza, aos anjos e a toda Igreja gloriosa para proclamar a misericórdia do Pai, que se concretizou na Páscoa de Jesus. Por isso invocamos a Virgem Maria, os apóstolos, os mártires, os santos e todos os falecidos que gozam da bem-aventurança eterna e que juntos formam a voz poderosa do louvor para, em união com a nossa voz fraca de peregrinos neste mundo, entoar (cantar):*

Todos: *Santo, Santo, Santo...*

32º encontro
O namoro e a vida matrimonial

Objetivo

Propor os valores do Matrimônio cristão, a fim de que os crismandos o vejam como caminho de amadurecimento.

Reflexão

Preparar o local com figuras, em ordem cronológica, de adolescentes, jovens, namorados, casamento, família, casais de idosos etc. Podem servir como recurso pedagógico as músicas: PE ZEZINHO. CD: *Quando a gente encontra Deus*. São Paulo, Comep, 1998, canção "Namorados"; ou CD: *Alpendres, varandas e lareiras*. São Paulo, Comep, 1999. v. 1, canção "Se de mim depender". Há o recurso pedagógico do DVD: *Buscas, sonhos de adolescentes*. São Paulo, Paulinas Multimídia, 2005, canção "Namoro"; ou DVD: *Matrimônio, Ordem*. São Paulo, Paulinas Multimídia, 2005. Série sacramentos 3.

Proclamar: *Ef 5,25-33 – Maridos, amai as vossas mulheres, como Cristo amou a Igreja e se entregou por ela.*

O sacramento do Matrimônio une duas pessoas que se amam numa aliança marcada pelo amor e pela fidelidade. O amor humano é passível de ser contaminado pelo egoísmo e pela vaidade. O amor que Cristo dedica à sua esposa amada, a Igreja, é total. Ele a ama até o fim. Esse amor é a medida do amor de dois noivos que juram o consentimento de mútua entrega diante do altar e, por isso, afirmam: "Eu te recebo na alegria, na tristeza, na saúde, na doença, todos os dias de nossas vidas". Esse é o amor redimido que segue a lógica da cruz de nosso Senhor e se realiza na Eucaristia, porque é doação de vida: "Eis o meu corpo, eis o meu sangue". Aqui vale a pena reler 1Cor 13: hino ao amor.

Diferentemente, o amor de conveniência é marcado tão só pela aparência do mais bonito(a), mais rico(a), mais jovem, mais saudável, ou até que se encontre alguém melhor do que aquele(a) com quem você está.

Para haver amor, segundo a concepção cristã, deve haver necessariamente a entrega, a doação, o respeito, o carinho e a reciprocidade. Esses indicadores apontam para o projeto de vida comum, que leva a pessoa a descobrir a beleza interior do parceiro(a) e a construir juntos uma relação estável ancorada no perdão e no diálogo constante.

O tempo do namoro é bonito e gostoso, quando se vive o encanto da descoberta do(a) outro(a). O carinho, o afeto, o respeito, o conhecimento etc., que vão acontecendo na vida dos dois, são maneiras de encontro e conhecimento recíproco. O sentimento de amar e ser amado(a), de receber e oferecer carinho, de trocas de atenção vai criando nos dois o desejo de se unirem de forma duradoura. Portanto, o amor, que se alimenta e se exprime no encontro do homem e da mulher, é dom de Deus, pois foi ele quem primeiro nos amou. Fomos criados à imagem desse Amor e por isso somos chamados ao amor. Amamos nossos pais, familiares, amigos,... até um dia esse amor encontrar uma direção, um nome, um "você". O ser humano, com efeito, é chamado ao amor como espírito encarnado, isto é, alma e corpo na unidade da pessoa. O uso da sexualidade como doação física tem sua verdade e atinge seu pleno significado quando é expressão da doação pessoal do homem e da mulher até a morte.

A doação física total seria falsa se não fosse sinal e fruto da doação pessoal total, na qual toda pessoa, mesmo em sua dimensão temporal, está presente: se a pessoa se reservasse alguma coisa ou a possibilidade de decidir de modo diferente para o futuro, só por isso já não se doaria totalmente.

O "lugar" único, que torna possível essa doação segundo sua verdade total, é o Matrimônio, ou seja, o pacto de amor conjugal ou escolha consciente e livre com o qual o homem e a mulher recebem a comunidade íntima de vida e de amor. A instituição matrimonial não é uma ingerência indevida da sociedade, nem a imposição de alguma autoridade, mas uma exigência interior do pacto de amor conjugal que publicamente se afirma como único e exclusivo, para que seja vivida assim a plena fidelidade ao desígnio de Deus Criador. Longe de mortificar a liberdade da pessoa, essa fidelidade protege do subjetivismo e relativismo e permite a participação na sabedoria criadora.

VIVÊNCIA

"As relações íntimas devem-se realizar somente no quadro do Matrimônio, porque só então se verifica o nexo inseparável, querido por Deus, entre o significado unitivo e o significado procriativo de tais relações, colocadas na função de conservar, confirmar e expressar uma comunhão de vida – *uma só carne* (Mt 19,5) –, mediante a realização de um amor 'humano', 'total', 'fiel', 'fecundo', isto é, o amor conjugal. Por isso as relações sexuais fora do contexto matrimonial constituem uma desordem grave, porque são expressão reservada a uma realidade que ainda não existe; são uma linguagem que não encontra correspondência na realidade da vida das duas pessoas, ainda não constituídas em comunidade definitiva com o necessário reconhecimento e garantia da sociedade civil e, para os cônjuges católicos, também religiosa."[1]

Debata no grupo os argumentos desse texto. Motive os crismandos a procurar conversar com seus pais ou casais da comunidade sobre a importância do Matrimônio, as dificuldades, as alegrias... O que significa ser pai ou mãe? Os crismandos também

---

[1] SAGRADA CONGREGAÇÃO PARA A EDUCAÇÃO CATÓLICA. *Orientações educativas sobre o amor humano*; linhas gerais para uma educação sexual. São Paulo, Paulinas, 1983. nn. 61-62. 94-95.

podem ver com seus pais o álbum de casamento do casal e, se possível, algumas fotos da infância do(s) filho(s) (nascimento, batizado, primeiro aniversário etc.).

Oração

Colocar, sobre uma mesa, um par de alianças e uma Bíblia.

Dirigente: *O Matrimônio é a união de duas pessoas imperfeitas que buscam juntas estabelecer uma convivência saudável, construtiva, recíproca e afetuosa. Cristo é a fonte e o modelo do amor levado às últimas consequências. Ele ama a Igreja, seu corpo, até entregar sua vida.*

Lado 1: *"Senhor, Pai santo, vós fizestes uma nova aliança com vosso povo e, tendo-nos redimido pela morte e Ressurreição de Cristo, nos tornastes participantes da vida divina e herdeiros da glória eterna.*

Lado 2: *Para imagem dessa aliança, escolhestes a união do homem e da mulher, de modo que, assim, o sacramento do Matrimônio nos recorde o vosso plano de amor".*[2]

O dirigente inicia a oração dos fiéis em favor das famílias dos crismandos, dos jovens namorados e pelas necessidades do grupo. O grupo pode encerrar o encontro com a música do Pe Zezinho, *Oração pela família*.

Bênção de Aarão (Nm 6,24-26)

Dirigente: *Deus vos abençoe e vos guarde.*

Todos: *Amém.*

Dirigente: *Ele vos mostre a sua face e se compadeça de vós.*

Todos: *Amém.*

---

[2] *Missal Romano.* Prefácio B da missa pelos esposos.

Dirigente: *Volva para vós o seu olhar e vos dê a sua paz.*

Todos: *Amém.*

Dirigente: *Abençoe-nos Deus todo-poderoso, Pai e Filho e Espírito Santo.*

Todos: *Amém.*

33º encontro

As testemunhas do Reino

OBJETIVO

Fazer ver que Jesus, uma vez enviado pelo Pai, agora chama e envia em missão seus discípulos, entre eles os crismandos, para anunciar o Reino de Deus.

REFLEXÃO

Convidar agentes da pastoral vocacional paroquial, ou diocesana, ou religiosa, para conversar com os jovens.

Proclamar: *Mc 6,6b-13 – Ele chamou os Doze, começou a enviá-los.*

A missão apostólica em Marcos é uma verdadeira catequese sobre o compromisso com o Reino de Deus. Jesus, depois de ter chamado os Doze para serem discípulos, isto é, seus seguidores, agora os envia como apóstolos a serviço do Reino de Deus. E o Mestre fez isso durante sua própria missão, já que ele percorria em visita os povoados, vilarejos e aldeias curando e pregando a chegada do Reino. Ele próprio, o apóstolo por excelência, que fora enviado pelo próprio Deus-Pai, agora envia em missão os que chamou. E os envia não sozinhos, isolados, mas sim em dupla, como comunidade, para apregoar o bem e expulsar o mal.

O apostolado passa a ser um caminho de vida para os seguidores de Jesus Cristo. A afirmação de que a única coisa que pode ser levada é um cajado indica que o apóstolo do Reino é um peregrino ou um andarilho cuja única segurança é a fé em Deus. O cajado caracteriza também a missão apostólica como um verdadeiro pastoreio, ou seja, um cuidar da vida do próximo que vai sendo encontrado ao longo do caminho. Não se deve levar pão porque o apóstolo missionário viverá do alimento que for recebendo. Não se deve levar alforje, bolsa, porque pode ser um peso no caminho e uma desconfiança quanto à providência divina. Não se deve levar dinheiro porque no ensinamento de Jesus Cristo o dinheiro pode se tornar um estorvo e um elemento adverso e estranho ao princípio da gratuidade do Reino. Um par de sandálias nos pés e uma única túnica no corpo são suficientes para cumprir a missão apostólica a serviço do Reino. É a perspectiva de que o apostolado é um caminhar ascético; significa austeridade, sobriedade, desapego, simplicidade, singeleza etc.

O apóstolo peregrinante também não tem morada ou casa permanente. Vive um constante êxodo, um constante sair de si. É alguém que sempre está se arriscando por causa do próximo. Está sempre correndo o risco da rejeição ou de não ser acolhido. Mas isso não o impede de ir à frente na pregação do Reino de Deus.[1]

VIVÊNCIA

"O discípulo, à medida que conhece e ama o seu Senhor, experimenta a necessidade de compartilhar com outros sua alegria de ser enviado, de ir ao mundo para anunciar Jesus Cristo, morto e ressuscitado, e tornar realidade o amor e o serviço na pessoa dos mais necessitados; em uma palavra, construir o Reino de Deus. A missão é inseparável do discipulado, o qual não deve ser entendido como etapa posterior à formação, ainda que essa seja realizada de diversas maneiras, de acordo com a própria vocação e com o momento da maturidade humana cristã em que se encontra a pessoa."[2]

---

[1] Recomenda-se aprofundar a reflexão sobre o discipulado e o apostolado lendo *Catecismo da Igreja Católica*, nn. 858-860.
[2] CELAM. *Documento de Aparecida*; texto conclusivo da V Conferência Geral do Episcopado Latino-Americano e do Caribe. São Paulo, Paulinas, 2007. n. 278e.

Em conformidade com a programação do grupo, é conveniente que algumas duplas apresentem suas observações sobre o estágio pastoral realizado na comunidade.

ORAÇÃO

"A oração pessoal e comunitária é o lugar onde o discípulo, alimentado pela Palavra e pela Eucaristia, cultiva uma relação de profunda amizade com Jesus Cristo e procura assumir a vontade do Pai. A oração diária é sinal do primado da graça no caminho do discípulo missionário. Por isso, 'é necessário aprender a orar, voltando sempre a aprender esta arte dos lábios do Mestre'."[3]

Após um canto de louvor, recitar o Sl 45 – *O Senhor é refúgio e vigor.*

Todos: *Conosco está o Senhor do universo! O nosso refúgio é o Deus de Jacó!*

Lado 1: *O Senhor para nós é refúgio e vigor. Sempre pronto, mostrou-se um socorro na angústia; assim não tememos, se a terra estremece, se os montes desabam, caindo nos mares, se as águas trovejam e as ondas se agitam, se, em feroz tempestade, as montanhas se abalam.*

Lado 2: *Os braços de um rio vêm trazer alegria à Cidade de Deus, à morada do Altíssimo. Quem a pode abalar? Deus está no seu meio!/ Já bem antes da aurora, ele vem ajudá-la. Os povos se agitam, os reinos desabam; troveja sua voz e a terra estremece.*

Lado 1: *Vinde ver, contemplai os prodígios de Deus e a obra estupenda que fez no universo: reprime as guerras na face da terra, ele quebra os arcos, as lanças destrói, e queima no fogo os escudos e as armas: "Parai e sabei, conhecei que eu sou Deus, que domino as nações, que domino a terra!".*

---

[3] Ibid., n. 255.

Lado 1: *Glória ao Pai, e ao Filho e ao Espírito Santo!*

Lado 2: *Como era no princípio, agora e sempre. Amém!*

Um bispo empreendedor

Dom Franco Dalla Valle nasceu na Itália no dia 2 de agosto de 1945. Ingressou na Congregação Salesiana em 1963. O jovem Franco ficou seduzido pelo estilo de trabalho dos salesianos com a juventude, mas queria trabalhar nas missões. Por isso, depois de ser ordenado padre em 26 de agosto de 1972, veio para o Brasil como missionário para a região Norte, com sede em Manaus. Padre jovem, apenas com vinte e seis anos, colocou-se a trabalhar com afinco nas casas da província. Depois de alguns anos, por causa dos estudos em pastoral juvenil, foi indicado para iniciar um seminário na cidade de Manaus para formar os novos salesianos da região.

Como diretor do seminário, o Pe. Franco foi corajoso e pioneiro. Junto com outros formadores criou um curso específico para os seminaristas a fim de fortalecer mais ainda o conhecimento e a orientação vocacional; criou também um estilo de vida entre os seminaristas que favorecia a partilha dos bens, o contato com os familiares, a inserção no trabalho com a produção de imagens de gesso e pintura etc. Era muito alegre e ao mesmo tempo organizado, e sabia o que queria para os seminaristas. Fazia questão de conhecer nossos pais e fazia visita quando passava pelas cidades da região. Mantinha conosco uma relação sincera e cordial.

Duas coisas me chamaram a atenção no Pe. Franco desde a minha entrada no seminário, em 1979. A primeira era seu espírito apostólico. Nunca o vi triste e sem ideias para a missão. Era sempre ativo, ousado, cheio de iniciativas e nos levava junto. Lembro que trabalhamos em um bairro periférico da cidade de Manaus, muito pobre. Ali ele começou um movimento com os jovens e com a comunidade. Chegamos a ter quatro grandes oratórios[4] naquele bairro, favorecendo

---

[4] Oratório: reunião de jovens e crianças com fins recreativos, religiosos e de aprendizado profissional com a presença próxima, firme e familiar dos educadores. O local e a modalidade se definem conforme os recursos, circunstâncias e necessidades da comunidade.

aos adolescentes e jovens música, esporte, teatro, catequese. Eram uma festa o sábado e o domingo, e ele sempre estava junto conosco.

A segunda foi seu espírito empreendedor. O Pe. Franco gostava de construir pessoas e obras. Perdi a conta de quantas piscinas cavamos no nosso sítio em Manaus; cada semestre era uma, mas elas não funcionavam; as piscinas eram para nosso uso e dos jovens oratorianos, mas nunca serviram pra nada. Ele conseguia umas fôrmas com imagens de santos, presépios, velas, e nós fazíamos em casa as imagens e vendíamos, em uma lojinha, para o povo. Franco era um homem de grandes iniciativas e sensível aos pobres.

De 1992 a 1997 ele foi escolhido pelos salesianos para ser o provincial, quer dizer, o animador e responsável de todas as nossas presenças na grande região amazônica. Foram seis anos de muito trabalho. O Pe. Franco incentivou mais ainda as vocações da região, deu novo impulso missionário, favoreceu o estudo de línguas indígenas e manteve com os salesianos grande amizade e respeito.

No dia 23 de dezembro de 1997, o Papa João Paulo II nomeou o Pe. Franco bispo da recente diocese de Juína (MS). Ficou apenas nove anos como bispo, mas adiantou trabalhos por trinta anos. É bom dizer que ele não queria ser bispo. Fez de tudo para não aceitar, mas acabou cedendo porque tinha grande amor à Igreja. No dia de sua ordenação episcopal no Vaticano, 6 de janeiro de 1998, não queria usar sapatos, porque sentia muitas dores nos pés. Foi quase forçado, mas assim que terminou a cerimônia correu à sacristia e colocou seus velhos tênis de guerra e foi receber os abraços dos amigos.

Era assim Dom Franco: simples, amigo, sereno. Segundo um comentário que chegou aos meus ouvidos, ele foi recebido pelo Secretário de Estado do Vaticano, segunda pessoa depois do papa, e chegou com a batina surrada e seus velhos tênis. O cardeal olhou e disse: "Então é o senhor o bispo missionário?". Ele respondeu: "Sim, excelência!". O cardeal olhou para ele e perguntou: "E essa cruz peitoral pequena e feia é sua mesmo?". Franco disse: "Sim, foi minha irmã freira quem me deu". O cardeal tirou do pescoço sua bela cruz e deu de presente pra ele. Dizem, não sei se é verdade, que Dom Franco vendeu a cruz e usou o dinheiro para as necessidades da diocese. Verdade ou não, assim era Dom Franco. Ele não queria nada para si, nem honras, nem dinheiro, nem belas roupas. Ele era servidor.

Em Juína, Dom Franco encontrou uma diocese nos inícios. Como nem catedral havia, ele começou a construí-la. Fundou um colégio para o ensino fundamental e médio, uma rádio, criou um jornal para a diocese, visitou todo o interior, sobretudo, os lugares mais pobres. O povo queria muito bem ao bispo. Sua presença era serena e alegre, acolhedora e amiga. Trabalhou muito na área do ecumenismo e do diálogo inter-religioso, pois Dom Franco não era um tipo briguento e desrespeitoso; tratava as pessoas de outras religiões com muito respeito.

Meu último encontro com ele aconteceu na reunião anual dos bispos deste ano (2007) em Itaici (Indaiatuba, SP). Ele estava feliz e cheio de sonhos para a diocese. Conversamos muito; eu não imaginava que o encontro era uma despedida do amigo tão querido. No dia 2 de agosto, dia do seu aniversário, ele recebeu um novo chamado, desta vez não teve tempo de dizer não. Dias antes sofrera uma insuficiência respiratória e fora levado para Cuiabá, onde teve um infarto e acabou falecendo. A consternação foi geral na diocese e na nossa província. No dia do enterro, milhares de pessoas lotaram a catedral para a despedida. Entre cantos, lágrimas e orações, o povo de Juína sepultou na catedral o bispo querido que ficou pouco tempo entre eles, mas deixou a marca da presença de Deus.

Pe. João Mendonça, salesiano

Bibliografia

ALDAZÁBAL, José. *Gestos e símbolos*. São Paulo, Loyola, 2005.
_____. *A mesa da Palavra I: elenco das leituras da missa*; comentários. São Paulo, Paulinas, 2007.
_____. *Vocabulário básico de liturgia*. São Paulo, Paulinas, 2013.
ANDRADE, Márcia Campos. *Dinâmicas para a convivência humana*; o encanto de construir o encontro. São Paulo, Paulinas, 2006.
AZEVEDO, Walter Ivan. *Explicação do Creio e do sacramento da Crisma*. São Paulo, Paulinas 2012.
BENTO XVI. Carta encíclica *Deus Caritas Est*. São Paulo, Paulinas, 2006.
_____. Exortação Apostólica pós-sinodal *Sacramentum Caritatis*; sobre a Eucaristia, fonte e ápice da vida e da missão da Igreja. São Paulo, Paulinas, 2007.
BLANKENDAAL, Antônio Francisco. *Seguir o Mestre II*; Batismo e/ou Confirmação e Eucaristia de adultos. São Paulo, Paulinas, 2007.
BOMBONATTO, Vera Ivanise. Discípulos missionários hoje: catequese, caminho para o discipulado. In: COMISSÃO EPISCOPAL PASTORAL PARA A ANIMAÇÃO BÍBLICO-CATEQUÉTICA DA CNBB. *3ª Semana Brasileira de Catequese – Iniciação à vida cristã*. Brasília, Edições CNBB, 2010, p. 169-185.
BOROBIO, Dionisio (org.). *A celebração na Igreja*. São Paulo, Loyola, 1990. v. 3.
BRAVO, Arturo. *O estilo pedagógico do Mestre Jesus*. São Paulo, Paulinas/Paulus, 2007.
BROSHUIS, Inês. *A Bíblia na catequese*. São Paulo, Paulinas, 2002.
BUYST, Ione. *A palavra de Deus na liturgia*. São Paulo, Paulinas, 2002. (Rede Celebra).
CATECISMO da Igreja Católica. São Paulo, Paulinas, 1998.

CELAM (Conselho Episcopal Latino-Americano). *Documento de Aparecida*; texto conclusivo da V Conferência Geral do Episcopado Latino-Americano e do Caribe. São Paulo, Paulinas, 2007,
_____. *Manual de catequética*. São Paulo, Paulus, 2007.
CNBB (Conferência Nacional dos Bispos do Brasil). *Diretório nacional de catequese*. São Paulo, Paulinas, 2006. (Documentos da CNBB, n. 84).
_____. *Evangelização da juventude*; desafios e perspectivas pastorais. São Paulo, Paulinas, 2007. (Documentos da CNBB, n. 85).
_____. *Batismo de crianças*; subsídios teológico-litúrgico-pastorais. São Paulo, Paulinas, 1980. (Documentos da CNBB, n. 19).
_____. *Formação dos catequistas*; critérios pastorais. São Paulo, Paulus, 1990. (Estudos da CNBB, n. 59).
_____. *Discípulos de Jesus na força do Espírito*; formação para catequistas da preparação à Crisma. São Paulo, Paulus/Paulinas, 2006. (Projeto Nacional de Evangelização Queremos Ver Jesus, Caminho, Verdade e Vida, n. 32).
_____. *Guia litúrgico-pastoral*. 2. ed. Brasília, Edições CNBB, 2006.
_____. *Orientações para a celebração da Palavra de Deus*. São Paulo, Paulinas, 1994. (Documentos da CNBB, n. 52).
_____. Equipe de animação bíblico-catequética do regional centro-oeste. *Viver em Cristo*; caminho da fé com adultos. São Paulo, Paulinas, 2006.
COMPÊNDIO do Catecismo da Igreja Católica. São Paulo, Loyola, 2005.
CONCÍLIO VATICANO II. Constituição *Sacrosanctum Concilium* (sobre a sagrada liturgia). 8. ed. São Paulo, Paulinas, 2007.
_____. Constituição *Gaudium et Spes* (sobre a Igreja no mundo de hoje). 15. ed. São Paulo, Paulinas, 2007.
CONGREGAÇÃO PARA O CLERO. *Diretório geral para a catequese*. 4. ed. São Paulo, Loyola/Paulinas, 2003.
CONGREGAÇÃO PARA A DOUTRINA DA FÉ. *Declaração sobre alguns pontos de ética sexual*. São Paulo, Paulinas, 1976.
_____. *Considerações sobre os projetos de reconhecimento legal das uniões entre pessoas homossexuais*. São Paulo, Paulinas, 2003.
CONGREGAÇÃO PARA A EDUCAÇÃO CATÓLICA. *Orientações educativas sobre o amor humano*; linhas gerais para uma educação sexual. São Paulo, Paulinas, 1983.

DARIVA, Noemi. *Celebrando a fé com as palavras do Papa Bento XVI em seus Discursos e Audiências*. São Paulo, Paulinas, 2013.
ELENCO DAS LEITURAS da missa. In: *Lecionário dominical*. 2. ed. São Paulo, Paulinas/Paulus, 1994.
FERNANDES, Leonardo Agostini; GRENZER, Matthias. *Evangelho segundo Marcos*; eleição, partilha e amor. São Paulo, Paulinas 2012.
GUERGUÉ, Jesus. *Jesus: um projeto de vida*; livro do catequista. São Paulo, Paulinas, 1988.
INSTRUÇÃO GERAL sobre o Missal Romano. In: *Missal Romano*. 10. ed. São Paulo, Paulus, 1997.
LELO, Antonio Francisco. *A iniciação cristã*; catecumenato, dinâmica sacramental e testemunho. São Paulo, Paulinas, 2005.
_____; BRUSTOLIN, Leomar Antonio. *Iniciação à vida cristã: Batismo, Confirmação e Eucaristia de adultos*; livro do catequista. São Paulo, Paulinas, 2006.
MISSAL ROMANO. 10. ed. São Paulo, Paulus, 1997.
MOSER, Antônio. *O enigma da esfinge*; a sexualidade. Petrópolis, Vozes, 2001.
NERY, Irmão. *Catequese com adultos e catecumenato*; história e proposta. São Paulo, Paulus, 2001.
PONTIFÍCIO CONSELHO PARA A FAMÍLIA. *Sexualidade humana*; verdade e significado. São Paulo, Paulinas, 1995.
RICA (Ritual da Iniciação Cristã de Adultos). São Paulo, Paulus, 2001.
RITUAL DA CONFIRMAÇÃO. 2. ed. São Paulo, Paulus, 1998.
III SEMANA LATINO-AMERICANA DE CATEQUESE. Discípulos e missionários de Jesus Cristo. *Revista de Catequese*, ano 29, n. 114, abril/junho de 2006.
SILVA, Sérgio. *A missão do catequista*. São Paulo, Paulinas, 2007.
TERRINONI, Ubaldo. *Projeto de pedagogia evangélica*. São Paulo, Paulinas, 2007.